Being (My) Self : 나다움

Being (My) Self

: 나다움

방탄렌즈의 지혜 지음

 BOOK AGIT

오랫동안 방탄렌즈 지혜와 함께한 사람들의 추천사

처음 만난 2022년부터 지금까지, 지혜 님은 한결같이 읽고, 쓰고, 감사하고, 상상하고, 나누고, 믿는 사람이었다. 그녀의 모든 행보는 퍼스널 브랜딩을 넘어, 나를 찾는 여정에 든든한 이정표가 되어주었다. 퇴사만 바라던 공무원이 작가의 꿈을 말하기까지, 나는 그녀에게 몇 번이고 되돌아갔다. 누구보다 '자기다운' 그녀의 모든 이야기가 담긴 이 책은, 성장을 꿈꾸는 모든 이에게 따뜻한 품이 되어주리라 믿는다.

운조

방탄렌즈 지혜 님은 2022년부터 저를 저로 있게 해준 사람입니다. 가끔 동굴에 들어갈 때가 있지만, 뱀이 허물을 벗고 곤충이 탈피하는 것처럼 동굴에서 나올 때마다 단단해지는 저를 발견했습니다. 나답게 단단해지길 원한다면 이 책이 그 답이 될 것입니다.

그로윈 달고나

퍼스널 브랜딩이 필수가 된 시대, 지혜 님의 책을 만난 건 큰 행운이었습니다. 뻔하지 않게, 그리고 나답게 살아가는 법을 따뜻하게 알려줍니다. 삶의 방향이 흔들릴 때마다 곁에 두고 다시 꺼내 보고 싶은 인생 책입니다.

뽀욤달

22년 겨울, 운명처럼 지혜 님을 만났다. 글쓰기와 다른 사람을 돕는 일에 진심이었던 그녀는 내가 임신하고 첫째를 낳는 동안 눈부시게 성장했다. 옆에서 보아온 그녀의 강점은 '꾸준함' 그리고 '진심'이다. 알을 깨고 진짜 '나'를 만나고 싶은 분들에게 이 책은 이정표가 될 것이다.

나 윤선

지혜 님을 만난 이후로 인생이 완전히 바뀌었다. 불안감이 사라지고 마인드가 바뀌자 놀랍게도 예상치 못한 돈이 계속 들어오고 있다. 나를 비롯하여 많은 분이 그녀와의 만남을 통해 두려움을 극복하고 마음속 깊은 곳에 있던 꿈을 현실로 만들어가고 있다.

스윗홈

지혜 님은 깜빡이는 건널목에서 빨리 달리지 못한다. 무엇이든 뚫고 나가는 힘이 대단한데, 묵직한 지구력으로 반복하고 전진하는 것이 그녀의 비결이었다. 인간은 더 괜찮은 삶을 원하지만, 비슷한 패턴 속에서 갈망할 뿐이다. '지혜'라는 멘토는 보이지 않는 것들을 인간의 언어로 설명해 주기 위해 늘 학습한다. 그녀가 물어다 주는 양질의 언어가 쌓이면 당신의 세상이 점점 괜찮아질 것이다.

꾸버

지혜 님은 제 인생에서 등대 같으신 분입니다. 이제 이 책을 읽으신 분들은 책을 덮자마자 저와 같은 생각을 하실 거예요. 이 세상의 모든 엄마에게 이 책이 닿기를 진심으로 바랍니다. 제가 지혜 님을 만나 꿈꾸기 시작했던 것처럼 조금씩 꿈을 그려 나가게 되실 테니까요!

라온유

타인의 풍요를 진심으로 원하며 그들의 성장을 도와주고자 하시는 지혜 님의 마음이 이 책에 고스란히 담겼다. 그녀에게는 놀라운 에너지가 있다. 이 책을 펼치는 순간 그녀의 긍정 기운에 매료되어 곧장 뭐라도 실행하는 자신을 발견하게 될 것이다.

쓰리썬 윤정샘

온몸이 진흙투성이가 되어 다른 이의 손가락질에 힘들어하던 제가 이제는 그 누구보다 단단해져 하루하루 성장해 가고 있습니다. 저를 이렇게 단단하게 만들어주신 분이 바로 방탄렌즈 지혜 님입니다. 이 책을 끝까지 읽으면 가장 나답게 성장하는 방법을 배울 수 있습니다.

김호중(초롱꿈) 작가

방탄렌즈 지혜의 상상은 늘 현실이 되어 있었다. 그녀가 내게 보여준 믿음처럼, 이 책은 당신 안에 움튼 세계를 깨어나게 할 것이다.

팽클레어

지혜 님은 늘 어떤 말을 해도 할 수 있다고 먼저 저를 믿어주셨어요. 그 믿음은 '내가 할 수 있을까?'에서 '지금 내가 할 수 있는 게 뭘까?' 늘 생각하는 마음을 길러주었습니다. 남들이 정한 좋은 삶이 아닌, 정말 나의 답을 찾고 싶었던 저에게 방법을 알려주셨어요. 고민되는 일이 있을 때 남들의 의견을 수집하며 현명한 답을 찾았다면, 이제는 글쓰기를 통해 진짜 내 마음의 소리를 듣습니다. 이 책에는 그런 내용이 담겨 있어요.

꾸밍

방탄렌즈 지혜는 내가 가장 흔들릴 때마다 '할 수 있어요'라는 확신 어린 응원을 아낌없이 전해준 사람입니다. 그녀의 빛나는 눈빛에 담긴 무조건적인 믿음은 지금도 내 마음속에 선명하게 남아있습니다. 이 책에는 지혜 작가의 강인함과 따스한 사랑이 깃들어 있어, 나다운 글로 자신의 길을 찾아가는 모든 이들에게 용기와 영감을 선사할 것입니다.

바스제로

글을 쓰며 '나'라는 사람을 알아가고 싶은 분께 꼭 추천하고 싶은 책입니다. 지혜 님의 글에는 기술보다 태도가 있고, 진심이 담겨 있습니다. 나답게 살아가고 싶은 마음이 있다면, 이 책이 그 첫걸음이 되어줄 거예요.

호비니

지혜 님과 오랜 기간 함께하며 그녀의 선한 영향력으로 제 인생도 자연스레 변곡점을 맞이하게 되었습니다. 한 인간으로 태어나 자기가 진정으로 원하는 것을 찾아가는 모습을 옆에서 지켜볼 수 있음에 언제나 감사했습니다.

세로니카

수많은 자기계발 계의 사람들과는 결이 다른 분이다. 사람들의 진면목을 봐주고 끊임없이 격려해 준다. 그리고 항상 솔선수범하며 자신에 대한 성장도 멈추지 않는다. '진심'이 있는 분을 만나게 돼 너무나 행운이다.

하늘바람

자신의 생각을 현실로 만들어가며 실천으로 보여주는 지혜 님이 따끈한 성장기록과 애정이 어린 조언을 꾹꾹 눌러 담은 책.

좋은날

삶의 어둠 속에서 길을 잃었던 저에게, 그녀는 조용히, 그러나 단단하게 긍정의 빛을 건네주었습니다. 저는 그 빛을 따라 다시 일어섰고, 앞으로도 그 믿음을 지켜낼 것입니다. 이 책이, 또 다른 누군가에게도 꺼지지 않는 빛이 되어 가닿기를 바랍니다.

북쓰고

지혜 님을 만나기 전까지, 나는 열심히 살아가고 있다고 믿고 있었다. 하지만 이제야 비로소 글쓰기를 통해 진짜 '나'를 알게 되었고, 세상에 나를 드러내는 법을 배우게 되었다. 이 책은 내 삶에 다시금 열정의 불꽃을 지핀 소중한 전환점이 되었다!

파파폴스

방탄렌즈 지혜는 리더이지만 자신에게도 부족함이 있음을 열어 보여주는 용기가 있는 사람이다. 보통 사람이 브랜딩을 만들기 위해 자신을 성장시키는 과정을 담은 책이다. 같이 성장하고 싶어하는 그녀의 마음도 알 수 있다.

에델

알면 알수록 진국인 분. 그녀의 삶에서 길어 올린 인사이트를 통해 제가 그랬듯이 여러분 또한 변화된 삶을 마주할 거로 생각합니다. 삶과 글쓰기를 대하는 태도에 관한 저자의 깊은 시선을 엿보고 싶다면 이 책을 필히 추천합니다.

함콩

삶을 진지하게 바라보고, 타인의 삶 또한 긍정과 진실로 대할 줄 아는 사람. 살면서 흔히 볼 수 없는 철학을 가진 보석 같은 사람이다. 세상 모든 무기력과 맞서고 싶을 때, 한 번씩 응원받고 싶을 때, 이 책을 꺼내 보기를 바란다.

밀레

나는 그녀의 시작인 블로그 글에서부터 유대감을 넘어 많은 공명을 느꼈었다. 직접 만난 작가는 긍정적인 마인드와 상상력, 추진력, 행동력, 무엇보다 타인과 진심을 나누고 함께 성장을 이끄는 데 탁월하다. 작가 자신의 노하우를 가득 채운 퍼스널 브랜딩 책에는 많은 사람들이 '자신 본연의 가치와 진정성'을 누리고 한 걸음 용기 내 나아가는데 열렬히 응원한다.

이방인

변화하고 싶은 단 한 사람을 위해 진심으로 쓴 글에는 힘이 있다. 저자의 마음 동력에 내 마음도 움직이게 되고, 용기를 얻게 된다. 꿈을 위한 조그만 행동이라도 지속적으로 하라고 자신의 이야기를 솔직하게 털어놓았다. 사람들을 응원하고 싶은 마음이 읽는 내내 느껴진다. 그리고 책을 읽고 나서 자신도 모르게 마음속에 조그만 용기가 생긴다.

쑤쑤루쑤쑤

제 인생은 지혜 님을 만나기 전과 후로 나뉘게 되었습니다. 진정한 내가 누군지 알고 싶으신 분, 나답게 살고 싶으신 분들께 이 책을 추천해 드립니다.

찌요니

'글쓰기'라는 도구로 조금 더 나답게 살아가고 싶은 한 사람이 어떻게 삶을 바꿔냈는지에 대한 기록이다. 퍼스널 브랜딩이라는 말이 거창하게 들릴 수도 있지만, 그 시작은 '매일 나를 들여다보는 일'에서 출발한다는 걸 이 책은 담담하게, 그러나 단단하게 보여준다. 또한, 누군가 앞서 걸은 기록이, 내 발걸음을 조금은 덜 흔들리게 해줄 수 있음을 보여준다.

풀문

그녀는 내가 어두운 터널에 있을 때 터널 밖에서 나오라고 외치는 사람이 아닌, 기꺼이 내 곁에 다가와 함께 어둠 속에 앉아 있어 줄 사람입니다. 긍정의 에너지와 아우라로 현실 창조의 삶을 살아가는 그녀가 집필한 이 책이 세상에 어떤 영향력을 미칠지 진심으로 기대됩니다.

행복한 데이지

육아로 나를 잃고 있던 시기에 지혜 님을 만났고, 1년 뒤 나는 완전히 다른 사람이 되었다.
삶이 회복되고, 앞으로의 시간이 기대되는 마음을 알게 되었다. 이 책은 삶을 되찾고 싶은 누군가에게 깊은 울림을 줄 것이다.

육퇴 후 한 잔

방탄렌즈 지혜는 누구보다도 진심과 애정으로 타인을 바라보고 믿어주며 각 사람의 내면에 숨겨진 나다움을 스스로 발견할 수 있도록 옆에서 이끌어주는 멘토다. 여러분도 이 책을 통해 내면의 나와 소통하면서 나다움을 발견하고 그 길을 즐겁고 힘차게 걸어가시기를 바랍니다.

라미

마흔이 넘어 제 인생에서 가장 잘한 것 한 가지를 이야기해 보라고 한다면 3년 가까이 글쓰기를 꾸준히 해온 것이라고 자신있게 말하고 싶습니다. 그만큼 글쓰기는 제 삶을 송두리째 바꾸어 놓았으니까요.

매일 글을 쓰다 보니 제가 본래 원하는 꿈이 무엇인지 깨달았습니다. 그 꿈은 제가 처음 글쓰기를 시작했을 때와는 또 다른 꿈이었습니다. 여기에 조건이 있습니다. 온라인 세상에 나를 드러낼 수 있는 글을 써야 한다는 것입니다. 조금은 망설여질 것입니다. 온라인 세상에 나를 드러내야 한다니 불편함과 두려움이 앞서겠지요. 생각보다 온라인 세상은 안전합니다. 내가 진심과 사랑의 마음을 담아 글을 쓴다면요. 내 글을 보러 와주는 사람들에게 언제나 줄 수 있는 것에 집중하고, 그들에게 치유를 해줄 수 있는 글을 적어보세요. 그러면 안전한 사람들과 함께 글을 쓰며 즐겁게 성장할 수 있습니다. 그러니 여러분의 삶과 생각, 관점을 좀 더 나답게 올려보시길 바랄게요. 시간이 흐를수록 여러분의 이야기를 듣고 싶어 하는 사람들이 하나둘 찾아오기 시작할 겁니다.

그 순간부터 여러분의 브랜딩은 시작되는 것입니다.

종이책 본문의 모든 내용을 마무리하니 어느덧 1년이 다 되어갑니다. 생각보다 시간이 오래 걸렸네요. 아마도 더 잘 쓰고 싶은 마음이었겠지요. 첫술에 배부를 수 없다는 것을 알기에 부족한 것이 많아도 여기까지만 글을 쓰기로 결심했습니다.

첫 번째 종이책이라 내용은 완벽한 완성이 아닌 미완성일 것입니다. 아마도 죽기 전까지 제 삶은 미완성으로 끝나지 않을까 싶어요. 모두를 만족시킬 수 있는 책도 아닐 테고요. 블로그 글쓰기로 2년이 넘어갔을 시기 성장하여진 나라는 사람의 브랜딩 이야기를 기록하고 정리한 글입니다. 지금 빈 종이를 꺼내어 내가 원하는 삶을 글자와 언어로 디자인해 보세요. 그 삶을 꾸준히 반복하여 쓰다 보면 여러분이 글로 쓰던 삶이 점점 현실로 나타날 것입니다.

✦

제가 쓴 종이책의 글은 단 한 사람을 떠올리며 썼습니다. 기존에 살아왔던 인생과는 전혀 다른, 나다운 인생을 창조하고 싶은 사람을 위해서요. 인생에서 한 번쯤 내 이름을 브랜드화 해보고 싶으신 분들이라면 이 책이 도움 되실 겁니다. 내 이름 석 자로 살아가며 삶의 태도가 무엇인지 생각해 볼 수 있는 것들을 줄 수 있으니까요. 이 책은 글쓰기 비법이나 테크닉 기법은 많지 않습니다. 제가 퍼스널 브랜딩을 해나가는 과정에서 어떤 태도와 마음가짐으로 임해야 하는지에 대한 내용이 더 많이 담겨 있습니다. 그렇기에 이 책을 다 읽으신 뒤 여러분에게 숙제 한 가지를 드리고 싶습니다. 다른 저자분이 집필하신 퍼스널 브랜딩 분야 이외 제가 추천한 책들을 읽어봐 주세요. 뒤에 퍼스널 브랜딩 관련 책 추천 목록을 부록으로 첨부했습니다. 저와 다른 저자분과의 공통점과 다른 점들을 구분해 보며 공부하는 시간을 가져주시고 이를 여러분 글쓰기에 적용해 보시면 좋겠습니다.

온라인 세상에서 글을 쓰며 깨닫는 것 하나가 있다면, 나라는 실재적 존재가 괜찮을수록 좋은 글이 나온다는 것입니다. 좋은 글이란 좋은 삶을 살아왔던 사람만이 쓸 수 있는 글이라서요. 여러분의 삶과 여러분의 내면이 명품처럼 빛나길 바라봅니다. 그 내면의 아름다움이 글과 삶으로 나타나 여러분의 이름 석 자가 브랜드처럼 가치 있는 존재로 살아가길 바라는 마음담아 적었습니다.

차례 ✦

2   찐팬 100명을 만드는
마법의 글쓰기 비법

5   지속 성장하는
     퍼스널 브랜드의 비밀

CHAPTER 1

2년 만에
퍼스널 브랜드가 되다

막힘없이
움직이고 싶다면
마음이 먼저
움직여야 한다

글쓰기 하나로
나의 운명이 바뀌다

내가 인생에서 운명을 바꾸는 가장 중요한 원칙 하나를 꼽는다면 바로 다음 문장을 의심 하나 없이 실천하는 것으로 생각한다.

"움직여야 한다."

너무나 당연하고 뻔한 말로 들릴지 모르겠다. 이 말의 의미를 제대로 이해하고 삶에 적용한다면 지금의 운명이 바뀔 뿐만 아니라 누군가에게 큰 영향력을 발휘할 수 있을 것이다. 운명의 '運(운)'이라는 뜻은 한자로 움직일 운, 운전할 운이다. 이서윤은 《오래된 비밀》에서 운이란 변하고 움직이는 것이라며 다음과 같이 이야기한다.

"행운은 당신이 변하고 움직일 때 온다고 했습니다. 만약 다른 노선의 버스를 탔다면 그것은 행운의 기회를 잡았단 이야기일지도 모릅니다. 여태껏 만나지 못했던 행운들을 줄줄이 만날 수도 있답니다. 이처럼 당신이 스스로 만든 감옥에서 벗어날 수 있다면, 운명은 절대로 정해진 것이 아닙니다."

변하고 움직이면 운명이 바뀌고 행운이 찾아오는 법이다. 그러니 그 자리에 머물러 있지 말고 움직여야 한다. 막힘없이 움직이고 싶다면 마음이 먼저 움직여야 한다. 고민이나 의심 없이 나의 행동을 기분 좋게 수행할 수 있기 때문이다. 그러나 대다수의 사람은 끊임없는 의심과 불안, 초조, 걱정에 사로잡혀 이것을 내가 해도 될지 말지 고민할 시간을 많이 가진다. 이럴 때 나는 차라리 생각 없이 일단 몸을 움직여보라고 권하고 싶다.

《내면 소통》의 저자인 김주환 교수는 불안감, 초조함과 같은 생각을 비우려면 고강도의 운동을 하라고 말했고 그래도 생각이 계속 떠오른다면 물구나무서기까지 해보라고 권유한다. 《마음 지구력》의 저자 유홍균 정신과 전문의는 부정적인 생각에 사로잡히거나 위기를 느낄 땐 플랭크와 같은 운동에 몰입하라고 한다.

세계적인 스포츠 브랜드인 나이키는 1988년부터 'JUST DO IT'이라는 슬로건을 쓰고 있다. 이 말은 일단 생각 없이 몸을 움직이는 것의 중요성을 내포하고 있다. 성공할지 말지의 가능성을 재거나 하지 말아야 할 핑계를 대는 것이 아닌, 그냥 가볍게 시작하라는 것이다. 아무 생각 없이 그저 가볍게 시작하다 보면 의욕과 의지, 열정이 점차 만들어지는 순간이 있다. 이른 아침 무거운 내 몸을 이끌고 운동하러 집 밖을 나가는 것은 힘겹지만, 몸을 움직여 운동하다 보면 정신도 맑아지고 상쾌해지는 경험을 한 적이 있지 않은가. 그러므로 때론 깊은 생각이나 고민 없이 우리는 몸을 먼저 움직여야 한다.

내가 시작했던 블로그 글쓰기는 둘째 육아휴직 중 아기가 자는 빈틈에서 시작했다. 그 빈틈의 속사정을 자세히 살펴보면 나의 감정이 널뛰기하는 육아 우울증이 도사리고 있던 시기였다. 아기를 키운다는 것이 기쁘고 축복된 일이기도 하지만 알 수 없는 울분과 분노, 때론 우울감과 무기력한 감정들이 나에게 물밀듯이 밀려왔다.

이보다 더 큰 감정의 소용돌이를 겪었던 시기는 첫째를 낳았을 때다. 살면서 단 한 번도 부모님께 어떤 부정적인 감정을 느낀 적이 없던 내가, 엄마라는 역할을 맡음과 동시에 과거 부모님이 나를 대하셨던 양육 방식이 불현듯 떠올랐기 때문이다.

20~30년 넘게 맞벌이하시는 부모님 아래서 자라온 나는 몹시도 외로웠다. 내 나이 7살, 집에 있는 것이 불편해 밤늦게까지 친구 집에 머물러 있거나 놀이터에서 혼자 그네를 타고 노는 것을 즐겼다. 아빠 엄마는 새벽에 일찍 나가 밤늦게 오는 것이 일상이었기 때문에, 평일에

부모님과 함께 따뜻한 저녁밥을 먹었던 추억이 없다. 그런 결핍된 추억들이 켜켜이 쌓이다 보니 가짜 감정 속에 진짜 감정을 억압시키며 살아온 나였다. 이런 내 감정을 알아차릴 수 있었던 시기는 부모님께서 나의 첫 손주를 지극정성으로 대하시는 모습을 보았을 때다. 내가 낳은 어린 아기에게 알게 모르게 질투심이 생겼다. 부모님에게 화가 많이 났던 그 시절, 나 역시 여전히 사랑받고 싶은 마음이 가득했던 어린 어른임을 알고 눈물이 났다.

지난 과거의 감정 정화가 모두 되었다고 생각했으나, 둘째를 키우면서 또다시 불안감, 무기력함과 같은 감정이 생기기 시작했다. 무엇보다 본래의 '나'라는 존재가 아이들 육아와 살림에 파묻혀 점점 사라져 가는 모습을 보며 두려움이 엄습해 온 것이었다.

내가 봤을 때 육아란 사랑스러운 아기를 돌봄과 동시에 비극적인 마음을 정화하고 위로할 시간이 필요한 순간이다. 겉으로는 가장 행복해 보이는 가정의 모습을 갖추었지만, 진짜 나의 속마음을 즉각적으로 정화할 작은 행위의 돌파구는 분명 필요했다. 그 해결책으로 당장 떠오른 것이 블로그 글쓰기였다. 온종일 나 홀로 집에 있는 시간에 자신을 바라보며 블로그를 통해 그동안의 모든 일상을 기록해야겠다는 생각이 솟아 올라왔다. 적어도 글을 쓰고 있을 때는 내가 나의 이야기를 들어주고, 칭찬해 주고, 사랑해 주고 싶어서.

블로그에서 나의 글은 자랑도 많고 자극적인 글도 많다. 내가 무엇을 가졌고 소유해서가 아닌, 없어서 하나하나 가지게 된 작은 행운들을 크게 기뻐하며 잘난 척했던 것뿐이다. 내 글은 그리 대단한 글도 아니고 그저 나를 혼자 내버려둘 수 없어 쓴 글이 더 많음을 고백한다.

나의 첫 온라인 글쓰기는 2019년 '브런치'에서 시작된다. 블로그 플랫폼보다 브런치라는 플랫폼이 더 고상해 보이고 우아해 보였다. 작가라는 자격을 붙여주고 하나의 매거진이나 책을 만들 수 있는 형식으로 구성된 플랫폼은 글쓰기와 책 집필에 욕망이 있는 사람이라면 한 번쯤은 도전해 봤으리라 생각된다. 그 당시 내 기록의 흔적을 찾아보니 이렇게 적혀 있더라.

"죽기 전에 책 한번 집필해서 작가 타이틀을 걸어보자. 하나의 직업만으로 살기엔 무언가 아쉬운 세상이다."

2019년 한 가지 확실한 기억은 브런치 플랫폼은 블로그보다 핫한 곳이었고 나는 그곳에서 글쓰기를 시작했다는 사실이다. 운이 좋았는지 몰라도 하나의 글을 쓴 지 한 달도 되지 않았는데 조회수 5만 뷰를 달성했다.

솔직히 미친 듯이 신났다. 인간에게 유일하게 허락된 정신적 마약인 '도파민'이 하루 종일 쏟아져 나오는 기분이었다. 기억의 한쪽에 누군가와 연애하며 사랑을 나누는 설렘처럼 느껴졌다. 짧은 찰나였지만, 온종일 글쓰기에만 전념했고 오로지 글감만 생각했던 2019년 2월 한

달. 구름 위를 떠다니는 것처럼 살았던 그때의 기억 덕분에, 어쩌면 나는 다시 글쓰기를 시작해야겠다고 다짐했는지도 모른다.

다시 시작한 블로그 글쓰기는 그저 가볍게 글을 쓰고 싶다는 작은 마음 하나에서 시작했다. 블로그를 통해 새로운 사람들과 소통하고 반응하는 것 자체에 소소한 만족을 하고 있었다. 퍼스널 브랜딩 블로거가 되어서 꼭 성공해야겠다는 마음은 없었다. 글을 쓰기 시작했을때의 나는 분명 1~2년 후 직장에 복직할 생각이었으니 말이다. 그런데 하루하루 글을 쓰는 그 순간, 그 행위에 몰입했을 뿐인데 행복감이 찾아왔다. 그러다 보니 나도 모르게 매일매일 글을 쓰게 되었고, 매일 글을 쓰다 보니 점점 의욕과 열정이 생겼다.

블로그에서 점점 영향력이 커지면서 12년 동안 몸담았던 직장을 과감하게 그만두었다. 2년 동안의 치열한 노력으로 자연스럽게 퍼스널 브랜딩 블로거가 되어 나의 운명이 바뀐 상태다.

✦

2년 동안 남들과
달리 했던 것들

누군가는 분명 나에게 이렇게 이야기할 것이다. 본인도 1일 1 글쓰기를 했는데 운명이바뀌지 않았다고. 곰곰이 생각해 봤다. 나는 그들과 무엇이 달랐을까? 에너지 총량의 법칙에 따라 우리의 시간과 에너지는 무한한 것이 아닌 유한한 것들이다. 유한한 삶 속에서 누군가는 정말 열심히 애를 쓰며 살거나 노력해도 자신이 바라는 만큼의 성공이 도달하지 못할 때가 있다. 이 세상이 원래 그런 게 아니냐며 서로를 위로하고 다독여주며 오늘을 살아간다.

2022년 3월 블로그를 시작함과 동시에 큰 성공을 이룬 어떤 자산가의 이야기를 우연히 듣고 나는 큰 충격에 빠진 적이 있다. 아직도 그 기억이 나에게 각인될 만큼 생생하게 남아있는데 내용은 이러하다.

"열심히 산다고 부자가 되거나 성공하지 못한다. 내 부모님은 새벽부터 논밭에 나가 해떨어질 때까지 열심히 농사를 지으며 사셨지만 결국 성공하거나 부자가 되진 않았다."

매스컴을 통해 들은 이야기였지만 왠지 나를 위해 해주는 이야기 같았다. 나 역시 20대 시절부터 30대 시절까지 열심히 살았고 도전했으며, 내 인생은 무조건 열심히만 하면 다 잘될 거라고 믿고 살았기 때문이다. 나의 운명을 지혜롭게 바꾸거나 움직이려면 유한한 삶 속에서 무조건 열심히 산다고만 되는 것이 아니었다. 어떤 가치를 지혜롭게 움직여야 할지 잘 선택해야 한다. 그때부터 나는 그 해답이 무엇인지 틈나는 대로 스스로에게 물었다. 그러던 중 우연히 마주한 오마에 겐이치의 《난문쾌답》에서 해답을 찾아냈다.

"인간을 바꾸는 방법은 세 가지뿐이다. 시간을 달리 쓰는 것, 사는 곳을 바꾸는 것, 새로운 사람을 사귀는 것. 이렇게 세 가지 방법이 아니면 인간은 바뀌지 않는다. '새로운 결심'을 하는 건 가장 무의미한 행위다."

블로그 글쓰기를 하며 오마에 겐이치 문장을 그대로 실천해 보고 싶어졌다. 왠지 나에게 내려진 하나의 계시처럼 느껴졌기 때문이다. 딱 3

가지를 변화하고 바꾸면 되는 것이다. 시간을 달리 쓴다는 것은 내가 쓰는 시간을 변화시킨다는 것이고, 사는 곳을 바꾼다는 것은 내가 사는 공간을 움직인다는 것이다. 새로운 사람을 사귄다는 것은 만나는 사람을 바꾸면 되는 거였다.

이 세 가지를 움직이게 하는 것도 간단하다. 일단 나의 몸을 움직이면 된다. 나의 몸을 움직인다는 것은 행동한다는 것이고, 이는 나를 바꾼다는 것이다. 나의 모든 움직임의 원동력은 모두 1일 1 블로그 글쓰기로부터 나왔다.

첫 번째, 시간을 달리 쓰기 시작했다. 나는 블로그 글을 쓰는 시간을 남들보다 많이 가졌다. 아이 둘이 어린이집과 학교에 있는 동안 온전히 글쓰기 시간으로 몰입했다. 2022년 첫해에는 육아와 살림하는 시간을 제외한 나머지 시간은 모두 글쓰기와 책 읽기, 자료조사에 시간을 투자했다. 1년 동안 읽고 쓰는 시간만 하루에 10~14시간을 할애할 만큼 글쓰기에 진심이었다. 당시 내 가족들은 내가 온라인 SNS에 중독된 것이 아니냐며 돈도 되지 않는 것을 왜 그리 붙잡고 있냐고 정신 나간 사람으로 나를 대하기도 했다. 그럴 만도 하다. 아이 둘 엄마가 아이들을 봐야 할 시간에 온전히 집중하지 못할 때도 있었으니 말이다. 그런데 아이들은 알아서 잘 자라고 있었고, 스스로 자기들 역할을 잘 해내고 있었기에 아이들 걱정은 크게 하지 않았다. 그 순간 내가 멈추고 포기했더라면 분명 오늘의 나는 없었을 것이다.

나는 1천 명 넘게 도와주었을 때, 그들이 무엇을 필요로 하는지 알게 되었고 이를 통해 생산적인 자기개발 콘텐츠 모임을 연속적으로 만들어왔다. 타인에게 쓰는 시간이 아깝다고들 이야기하지만, 타인에게 도움을 주는 경험의 데이터가 계속 쌓이면 훗날 나의 경험 자산이 된다. 여러분도 자신의 블로그 플랫폼에서 나와 같이 한 적이 있는지 한 번 생각해 보길 바란다.

두 번째, 나는 블로그를 통해 사람과 사람 간의 소통을 시작했다. 현실에서 만날 수 없던 사람들을 알거나 만나게 되면서 진정한 친구를 얻었다. 때론 여기까지 올 수 있도록 도와준 귀인들을 만나기도 했다. 그러다 보니 내가 만나는 사람들이 자연스럽게 바뀌기 시작했고 기존에 만났던 친구들과는 점점 멀어졌다. 가장 큰 이유는 서로의 관심사가 달랐기 때문이다. 블로그에 글을 쓰며 책을 좋아하거나 자기계발에 진심인 사람들과 대화를 나누다 보면 에너지가 차오름을 느낀다. 하지만 과거의 관점에서 세상을 한탄하거나 남탓을 하는 등 자신의 이야기가 아닌 남 이야기로 가득 찬 친구들의 이야기는 나의 에너지를 소모하는 느낌을 주었다.

세 번째, 직접적으로 몸을 움직이던 중 나만의 아지트 공간을 만들었다. 나만의 공간은 블로그를 통해 만나는 사람이 바뀌면서 결정할 수 있던 것이었다. 과거의 인연들과의 만남에서는 분명 이런 생각이나 아이디어가 나올 수 없던 것이기도 했다. 완전히 나의 관점을 180도 변화시켜 준 소중한 인연도 블로그를 통해 만났다.

블로그를 하기 전까진 오프라인 친구만이 절대적으로 소중하다고 생각했던 나였지만 요즘은 이 편견이 완전히 깨져 버렸다. 이제는 새로운 관계를 맺는 방식이 사람들의 행복에 기여한다는 사실을 인정해야 하는 시대가 온 것 같다.

미국의 스탠퍼드대 사회학 교수인 마크 그래노베터는 한 사람의 사회적 관계를 파악할 때 자주 대화하고 친밀하게 느끼는 사람들로 이루어진 내적 서클을 "강한 유대", 간헐적으로 만나거나 우연히 만나는 지인들로 이루어진 외적 서클을 "약한 유대"라고 불렀다. 그런데 사람들은 강한 유대 관계보다는 약한 유대 관계로부터 도움을 받는 경우가 더 많다는 흥미로운 연구 결과를 내놓았다.

그래노베터는 보스턴에 있는 282명의 노동자를 대상으로 설문조사를 진행했다. 그 결과 응답자의 대부분이 '약간 아는 지인'을 통해 일자리를 얻은 것으로 나타났다. 84%가 가끔 마주치는 정도의 약한 유대를 통해 직업을 얻은 것이다. 친한 친구를 통해 일자리를 얻은 이는 소수였다. 직업을 소개받거나 새로운 정보를 습득할 때 가족이나 친한 친구보다는 아주 가끔 연락하는 지인들이 더 도움이 될 때가 많다는 것이다. 글을 쓰고 책 읽는 시간을 더 많이 확보하고 블로그를 통해 약한 유대 관계의 사람들을 만나면서 나는 나만의 공간을 만들 수 있겠다는 결심이 서게 되었다.

개인적으로 나는 사람과의 인연 하나하나를 소중하게 생각한다. 운을 옮겨주는 것은 나 혼자만의 힘으로 할 수 없는 것이기 때문이다. 내 주변의 사람들이 내 운이 바뀔 수 있도록 도와주었기 때문에 나는 차별 없이 사람들에게 똑같이 행동하려 노력한다. 그러다보면 더 좋은 인연도 알게 되고 그 운의 기회를 어떻게 잡을 수 있는지도 알 수 있다. 내가 다른 사람의 운을 좋게 만들어준 것은 좋은 영감의 글과 경험을 나누어 주거나, 다양한 모임과 활동을 통해 그들의 삶의 변화를 긍정적으로 끌어냈을 때다. 좋은 운을 만들려면 내 주변에 나를 응원하고 지지해 주는 긍정적인 사람들을 곁에 두어야 한다. 더 좋은 것은 내가 상대방의 운도 좋아지게 해주고 도와주는 것이다.

가장 위험한 것은 비판적인 무의식의 자기 검열이 올라올 때 자기만의 생각에 갇히게 되는 것이다. 그래서 긍정적인 사람을 만나고 그런 사람들의 환경 속에 나를 집어넣어야 한다. 목표를 설정하고 행동을 꾸준히 하며 다음 스텝으로 성장해 가려는 사람들과 함께 있어야 내가 무엇이라도 하게 된다. 나는 이런 환경을 스스로 하나하나 만들어가며 2년 동안 쉼 없이 달려온 결과 기존의 직업에서 완전히 벗어나 크리에이터이자 인플루언서로 탈바꿈했다.

누군가의 눈에는 나의 노력이 쉬워 보일지도 모른다. 하지만 그 이면에는 보이지 않는 수많은 대가와 아픈 고통과 희생들이 존재한다. 사람들이 대부분 힘들어하는 고통을 나는 오히려 즐겁게 받아들이겠다고 다짐했다. 이 길이 내가 선택한 길이고 나의 운명이라 믿기 때문이다.

더 좋은 것은
내가 상대방의 운도
좋아지게 해주고
도와주는 것이다

◆

이제는 퍼스널 브랜드가
필수인 시대다

블로그를 시작하며 모르던 세상을 하나둘 공부하다 보니, '지금은 맞고 그때는 틀리다'라는 영화제목이 불현듯 떠오른다. 지난 과거에는 퍼스널 브랜딩은 필수가 아닌 옵션이라 생각했으나, 이 영역을 점점 공부하면 할수록 앞으로 퍼스널 브랜드를 가진 사람이 더 많은 기회와 돈, 그리고 부를 창출하리라는 생각을 넘어 확신을 가지게 된다. 이젠 직장의 월급만으로 돈을 버는 시대가 아닌, 우리의 재능과 경험, 강점, 가치, 의미 등이 돈이 되는 시대이기 때문이다. 일본의 작가이자 사업가인 니시노 아키히로는 《혁명의 팡파르》에서 오늘날의 시대를 다음과 같이 이야기한다.

"혁명의 팡파르는 시작되었다. 농업혁명보다도, 산업혁명보다도 커다란 혁명이 마침 우리 시대를 강타했다. 정보혁명이다. 인터넷에 의해 거리와 시간의 벽이 없어졌다. 당연히 거리와 시간에 매달려 있던 몇몇 일도 사라진다. 게다가 로봇 기술도 무섭게 발전하고 있다. 물건을 파는 방법이 바뀌고 일하는 방식이 변한다. 돈의 형태가 바뀌고 상식과 도덕이 변한다. 초고속 회전으로. 그리고 유감스럽게도, 우리에게 경험을 가르쳐주는 존재여야 하는 부모나 선생은 이 혁명을 경험한 적이 없다. 일테면 당신의 부모는 당신에게 이렇게 말할 것이다. "원하는 일을 하고 살 만큼 세상은 만만치 않아" 부모 세대의 상식은 '돈= 스트레스에 대한 대가'이다. 하지만 정말 그런가? 스트레스를 받아야 하는 일부터 차례대로 로봇이 담당하면서 스트레스를 받는 일은 점점 세상에서 사라지고 있지 않나."

니시노 아키히로의 이야기처럼 스트레스를 받아야 하는 단순노동의 직업은 우리 주변에서 점점 사라지고 있다. 마트나 커피숍, 음식점 등에서 주문을 받는 사람의 모습은 온데 간데없이 키오스크가 이를 대체한다. 택시도 마찬가지다. 3~4년 전만 해도 서울 한복판에서 택시 잡는 방법은 아무 곳에서 손을 흔들면 되었다. 이제는 다르다. 택시는 손으로 부르는 것이 아닌, 앱을 통해 호출해야 한다. 스마트폰이 우리의 삶 속에 깊숙이 침투되면서 과거의 직업은 점차 사라지고 새로운 직업들이 도래하는 시대가 눈앞에서 펼쳐지고있다. 우리는 단지 그 사실 하나하나 인지할 시간도 없이 세상이 흘러가는 방향에 맞춰 살아가고 있다. 그러나 시대는 분명 변해왔고, 변하는 중이다.

제레미 리프킨은 1995년부터 《노동의 종말》을 통해 기계와 인공지능이 인간의 일자리를 빼앗아 노동의 기회를 상실할 것이라 했다. 한마디로 전통적인 노동의 가치와 개념이 사라진다는 이야기다. 노동자가 없는 세계로의 길이 우리를 기술 천국의 유토피아로 인도 할 것인지, 무서운 지옥으로 인도할 것인지는 아무도 모른다. 한 가지는 확실하다. 지난 어른들의 직업만으로는 해답을 찾을 수 없다는 것이다. 우리 부모님과 내 주변 어른도 거대한 변화의 물결을 알아차리지 못하고 있고, 어떻게 이겨내야 하는지도 모른다. 물론 나도 처음엔 몰랐다. 1년 동안 전자책 무료 배포와 판매하는 것이 온라인에서 나를 알리는 길인 줄도 모르고 모닥불과 같은 열정과 재미를 무장한 채 책 파는 데만 몰두했으니까.

2022년 7월 첫 번째 전자책을 무료 배포한 이후 나는 전자책 속에 있는 내용을 토대로 다양한 자기계발 모임을 시작했다. 《방탄렌즈의 지혜》라는 전자책을 통해 나의 인생을 우상향하는 실제 방법론으로 184페이지의 전자책을 만들었다. 나를 알아가는 법(나 자신이 누구인지 내면을 탐구하는 방법)과 세상 공부(재테크, 교육, 공부법, 체력 관리, 인간관계, 자녀 교육, 트렌드 등)에 관한 나의 실제 경험과 방법론들이 펼쳐져 있다. 2022년 겨울부터 본격적으로 시작하여 약 1년이 조금 넘으니, 전자책으로 2천만 원의 수익을 실현한 뒤 깨달았다. 내가 거대한 정보의 물결 한가운데에 있었다는 것을 말이다. 10년 전만 해도 전자책은 분명 세상에 존재하지 않는 책이었다. 개인이 가진 경험과 지식, 가치를 상품으로 만들어 판매할 수 있는 시대가 오늘이었음을, 나는 경험을 통해 알았다.

✦

블로그에 글을 쓰다 13년 동안 다녔던 직장을 퇴사하기로 결심했을 때, 가족과 선배 어른은 모두 나를 뜯어말렸다. 특히 직장을 성실하게 다니는 어른일수록 내가 개척해 새롭게 나아가는 길을 염려하고 걱정했다. 그러나 세상과 시대 공부를 해보니 '더 이상 평생 직장은 없다'라는 결론을 내렸다. 어른들께는 죄송하지만 우리는 지금 지난 과거와는 다른 시대를 살고 있다. 4차 정보혁명 시대에서 하나의 직업만으로 살아남겠다는 의지는 위험하다. 스마트폰의 탄생으로 과거의 상식은 전 유물이 되었기에, 우리는 지난날 상식을 모두 지우고 새롭게 업데이트해야 할 필요가 있다.

태어날 때부터 디지털 시대를 경험하는 세대들이 있다. 바로 Z세대(1995년~2000년대 중반)와 알파 세대(2010년 이후 태어난 세대)다. 이들은 과거의 전통적인 직업을 넘어서 새로운 트렌드를 가지는 세대다. 디지털 기술을 활용한 원격 근무, 프리랜서 등의 새로운 근무 형태에 빠르게 적응하며, 여러 분야에서의 경험과 지식을 겸비한 'N잡러'로서의 삶을 추구한다.

N잡러는 19세기 산업혁명 이전에도 존재했다. 이 말을 다르게 하면 프리랜서의 삶이다. 한 사람이 다양한 직업을 가지며 생계를 가지는 프리랜서의 삶은 일상의 일부였다. 낮에는 방앗간의 주인, 저녁에는 농부, 주말엔 농산물을 파는 상인으로 변신하여 동시에 여러 일을 수행하는 것이 중산층의 삶을 유지하는 데 필요했던 삶이다. 그들에게 필요했던 것은 다양한 일을 통해 안정된 생계를 유지하는 능력이었다. '정규직'은 산업혁명이 시작되면서 기계와 대규모 공장의 탄생으로 인해 잠시 세상에 등장한 개념이다. 기업가들은 노동자를 고용하여 월급을 지급하는 형태의 직장을 만들어 냈고, 이것이 우리에게 안정성이라는 상징으로 편안함을 주었다. 노동자들은 각자 특정 한 분야에서만 일하는 '전문가'가 되었지만 반대로 다양한 직업 경험을 갖는 것이 어려워졌다. 3-4차 산업혁명의 기술은 아이러니하게도 다시 과거로 회귀하는 N잡러 모습이 보인다.

그러나 과거 19세기 이전의 N잡러와 오늘날의 N잡러는 다르다. 기계와 인공지능이 인간의 전통적인 노동을 점점 빼앗아 가고 있기 때문이다. 《시대예보》의 저자이자 빅데이터 전문가인 송길영 박사는 미래에 자신의 직업이 가장 먼저 사라질 것이라고 예견했다. 교보문고의 출판사와 함께 팀을 꾸려 시대예보 사이트를 만들어 다가오는 미래를 대비하여 움직이고 있다. 송길영 박사에 의하면 앞으로 인간 미래의 업은 콘텐츠 창작자 또는 플랫폼 프롬바이더 둘 중 하나라고 말한다. 플랫폼 프롬바이더는 넷플릭스나 틱톡, 인스타그램 등과 같은 온라인 플랫폼을 만드는 직업을 말하며 이 부류는 아주 극소수에 불과하다. 노동 스트레스를 받는 일들이 점점 사라지고 AI가 찾아온 시대, 우리는 새 가치를 창출하는 콘텐츠 크리에이더로 퍼스널 브랜딩을 해야 한다.

서울대 윤기윤 교수팀도 이와 비슷한 의견을 제시했다. 2090년대 미래 사회에 AI를 포함한 계급을 분류했다. 1계급이 플랫폼 등의 기술을 소유한 기업인으로 0.001%가 되며 이는 플랫폼 프롬 바이더에 속한다. 2계급은 0.002%가 되는데 이들이 콘텐츠 크리에이터에 속하는 사람들이다. 3계급은 AI이며 그 아래 계급은 프레키아트인 단순 노동자로 99.997%가 여기에 속하게 된다. 프레키아트 계급은 콘텐츠를 수동적으로 소비하는 계층일 가능성이 높고, 이를 생산하는 계급은 2계급일 것이다. 전통적인 노동으로 돈을 버는 오늘날의 모습이 미래 사회에서는 사라질 것이므로, 퍼스널 브랜딩은 필수다.

마케팅 용어 '브랜딩'은 브랜드에서 파생된 개념으로 브랜드 이미지를 구축하는 모든 과정을 말한다. 인터넷이 발달하기 전 브랜딩은 기업이나 널리 알려진 유명한 사람들만의 전유물이기도 했지만, 오늘날은 1인 미디어인 SNS의 발달로 누구나 브랜딩이 가능하다. 개인의 재능과 능력, 취미, 취향, 가치 등이 SNS 플랫폼을 통해 돈을 정산받을 수 있는시대가 도래한 것이다. 온라인에서 영향력이 점점 넓어지면서 회사에서 받는 월급을 능가 할 수 있다. 지금 당장 유튜브를 잠시 접속해서 보기만 해도 알 수 있다. 몇십만, 몇백만 명의 구독자를 가진 사람 중에는 유명 연예인이 아닌 사람들이 더 많다. 네트워크는 지난 전통적인 관계를 모두 깨트렸다. 이제는 개인이 사는 지역과 국가를 넘어 전 세계 온라인 네트워크로 '새로운 관계'를 가능하게 해주고 있다. 인터넷을 통해 자신의 재능과 지식을 팔 수 있는 시장과 시대에 당신은 생산자로 살 것인가? 소비자로 살 것인가? 이에 대한 답은 당신에게 달려있다.

✦

나의 정체성을
새롭게 정의한다

살면서 우리가 정체성을 새롭게 정의하는 시기는 언제일까? 성공한 사람들의 스토리 100가지를 살펴보니 공통점을 발견했다. 바로 결정적 계기를 통해 자기 삶을 극적으로 변화시키겠다고 다짐할 때였다. 결정적 계기는 인생에서 행복한 순간이 아닌 인생에서 가장 힘든 고난과 역경의 불행한 순간이었다. 더 놀라운 점이 있다. 각자의 분야에서 성공한 사람들이 삶을 변화시키겠다고 다짐했을 당시, 주변 사람들은 불가능한 이야기라고 한 것이다. 하수도 청소부의 삶에서 미국 기업 전문 컨설턴트가 된 머레이 스미스도 《부의 해답》에서 다음과 같이 이야기한다.

"24년간 내가 주위에서 받았던 메시지 때문에, 나는 변변한 인물이 되지 못할 것이라는 불안이 나의 내면에 단단하게 자리 잡았다. 하지만 나는 더 나은 인물이 되고 싶은 열정을 가지고 있었다. 이 열정은 그냥 억누르고 있을 수 없을 만큼 강렬했다. 새로운 믿음을 만들어야 하며 그때가 바로 그 시기임을 절실하게 깨달았다. 사람들이 나를 보고 '모자란다'라고 손가락질했지만, 그건 사물을 바라보는 편향된 시각일 뿐이다."

나 역시 살아오며 정체성을 새롭게 정의하게 된 계기가 세 번 있다. 그 계기는 나의 인생 진로를 새롭게 결정하는 시기이기도 하다. 첫 번째는 대학입시를 준비하던 때, 두번째는 나의 첫 직업 준비 시기, 세 번째는 오늘날 브랜딩 인플루언서로 준비하는 시기였다. 18살, 대학 입학을 준비하기 전까지 나는 인생의 목표가 전혀 없는 사람이었다. 내가 커서 어떤 삶을 살고 있을지, 어떤 사람이 될지에 대한 그림도 전혀 떠오르지 않았다. 한마디로 꿈이 없는 삶을 살아온 것이다. 그저 하루를 살다 죽어가는 하루살이처럼 먹고 놀고, 자는 것만 반복해 왔다. 공부, 독서와는 담을 쌓고 지내며 TV와 게임, 잠으로 나의 시간을 전부 채웠다.

특히 나는 고등학생 시절 내내 잠이 끝도 없이 쏟아져 집에만 오면 저녁 7시부터 12시간 넘게 잠을 자곤 했다. 부모님도 나의 이런 삶을 그저 멀리서 멀찌감치 바라보시기만 하셨다. 지금 생각해 보니 참 답답하셨으리라 생각되지만 때가 되면 딸이 변하지 않겠냐는 하나의 작은 믿음이 있으셨던 거 같다. 모의고사를 풀 때마다 1교시부터 7교시까지 내내 엎드려 잠만 자는 무기력한 학생에게 그 어떤 선생님이 기대할까? 본래 세상은 모범생에게만 관심이 쏠리는 게 당연한 이치가 아니겠냐며 조미가 가미되지 않은 마른 김처럼 무미건조한 삶을 보냈다.

언제나 내 삶은 평균 이하의 삶을 살고 있다고 생각했다. 나는 둘 중 하나를 진지하게 선택해야 했다. 지금과 같은 삶을 그대로 이어가며 살 것인지, 아니면 새로운 인생의 길을 만들어 걸어갈 것인지 말이다. 가끔 머릿속으로 새로운 삶을 꿈꾸기도 했지만 얼마 지나지 않아 '나는 뭘 해도 안 돼'라는 말로 끝마무리를 해왔다. 매일매일 잠과 게임으로 나의 현실에서 도피했고, 이미 나는 실패자라는 무의식적인 생각이 머릿속에 꽉 채워져 있었다.

그러던 어느 날 내 눈앞에 대학입시라는 인생의 큰 관문 하나가 현실성 있게 다가오기 시작했다. 그 당시 대한민국의 고등학교 집단 문화는 서울의 대학교를 입학하는 길만이 오로지 인생의 전부라는 분위기였다. 나는 정신적 압박감에 매일매일 시달림을 받아야 했다. 현재의 삶과 아직 살아보지 못한 삶 사이에서 괴로움이 밀려왔다. 늦은 후회와 자기 의심, 좌절감이 무겁게 나를 짓누르기 시작했다. 오늘날 돌이켜 생각해 보니 이 집단문화의 메시지가 오히려 나에게 큰 축복이었다. 18살, 앞으로 나 자신이 살아갈 미래에 대해 진지한 물음을 던져

주었기 때문이다.

"그동안 나는 도대체 무엇을 위해 살아온 것일까? 18년 동안 나는 왜 이렇게 사는 거지? 지금 내가 대학을 갈 수 있는 운명이긴 한 걸까? 대학에 들어가지 못한다면 나의 인생은 어떻게 펼쳐지는 걸까? 앞으로 나의 삶은 어떻게 될까? 나는 어떤 삶을 살고 싶은가?"

그때는 몰랐지만, 나 자신에게 끊임없이 질문을 던진 그 날이 나의 정체성을 새롭게 정의하는 첫날이었다. 만일 내가 18년 동안 살아왔던 삶을 변화 없이 그대로 수긍하며 지냈었다면 오늘의 나는 분명히 존재하지 않았을 것이다. 학교 쉬는 시간, 나 홀로 교실 책상에 조용히 앉아 처음으로 나 자신을 진지하게 바라보기 시작했다. 20대는 지금보다 더 나은 사람이 되고 싶다는 생각이 가득 차올랐다. 18년 동안 헛되이 살아온 삶을 곱하여 남은 인생을 살아가리라 다짐한 순간, 내가 가장 좋아하고 잘했던 것이 무엇인지 불현듯 떠올랐다.

초, 중, 고등학교 모든 선생님이 나에 대한 가능성을 접었을 때, 유일하게 나의 가능성을 알아봐 주셨던 음악 선생님이 계셨다. 성악 실기 시험을 만점받아 처음으로 학교에서 큰 칭찬을 받았던 기억이 어렴풋이 생각난 것이다. 알고 보니 나는 노래를 좋아하고 잘하는 사람이었다. 그때부터 성악으로 서울에 있는 대학에 입학한 나의 모습을 상상하기 시작했다. 일반고를 다니던 평균 이하의 학생이 과거와 결별하고 음대생이 되기로 결심한 순간이다. 결심한 것이 사라지지 않기 위해 나는 처음으로 부모님께 나의 꿈을 말씀드렸다.

"저는 성악으로 음대를 갈 거예요. 그리고 서울에서 가장 좋은 대학을 갈 거예요."

나의 이야기가 꽤 진지했는지 부모님께서는 앞으로 내가 가야 할 여정을 적극적으로 지지하고 응원해 주셨다. 내가 선언했던 말을 실제로 이루기 위해 나의 기존 환경을 모두 바꿨다. 3박 4일 밤새며 하던 게임과 잠을 끊고, 친구와의 불필요한 만남, 핸드폰 사용까지 망설임 없이 모두 정리했다. 이후 집과 학교, 음악 실기만을 연습하며 입시를 준비했고 재수 끝에 나는 서울에 있는 음대생이 되었다. 이 모든 건 처음으로 내 생각과 관점, 환경을 모두 전환했기에 가능했던 일이었다.

첫 번째 직업인 중등 정교사가 될 수 있던 이유와 퍼스널 브랜딩 인플루언서가 된 계기도 위와 비슷한 흐름을 가지고 있다. 결국 내가 어떤 사람이 되고 싶은지 나 자신과 끊임없는 대화를 하여 새로운 나의 정체성을 재창조한 것이다.

고대 그리스 철학자인 소크라테스가 '너 자신을 알라'고 오래전부터 이야기했듯이, 살면서 우리는 나 자신을 돌아볼 기회가 별로 없다. 우리는 나 자신이 아니라 다른 사람과 흘러가는 세상을 바라보며 살기 때문이다. 언제나 타인의 삶과 세상을 바라보며 정작 나는 돌아보지 않는 시간을 살다 보니 대부분은 '나'라는 사람이 어떤 사람인지 모른 채 살아간다. 대부분 남들이 원하는 기대에 부응하려고만 하여 남이 바라는 인생을 맞춰 사는 경우가 흔하다.

✦

대부분의 사람은 새로운 일을 시도하기 전부터 '나는 OOO은 잘못해, 어려워', '나는 무엇이든 한 번도 성공해 본 적이 없어' 등과 같은 이야기로 진정으로 자기가 원하는 꿈과 삶을 쉽게 포기한다. 그 이유가 무엇일까? 많은 사람이 자신의 부정적인 결핍과 단점을 항상 부각하는 근본적인 이유는 두 가지가 있다. 첫째, 진화론적으로 인간은 생존본능의 영향으로 모든 것을 부정적으로 보는 경향이 있으며, 나쁜 기억은 뇌가 작동하는 생존 지향성의 원리 때문에 더 오랫동안 저장된다. 뇌는 기본적으로 개체의 생존을 보장하는 것을 최우선으로 두고 진화해 왔다. 둘째, 우리는 자라오면서 가정 및 학교에서 어떤 강점을 키워야하기보단 단점과 약점에 집중하여 보완하는 방법만 배우고 살아왔다. 즉 강점을 성장시키기 에는 시간이 턱없이 부족했다.

그러나 정작 어느 한 분야에서 성공한 사람들은 자신이 어떠한 사람인지 그 누구보다 잘 아는 사람들이다. 예전에 빌 게이츠가 다큐멘터리에서 이야기했던 것이 아직도 내 기억에 남아있다. 빌 게이츠는 초등학교 시절 자신이 수학 문제를 풀면서 남들보다 연산 능력이 매우 뛰어났다는 것을 깨달았다고 한다. 이뿐만이 아니다. 배우 황정민은 예능프로에 나와 자신은 19살 때부터 정확하게 배우가 자신에게 가장 적합한 꿈이라고 이야기했었다. 참고로 나는 이키가이의 작성법을 그대로 거쳐 나만의 퍼스널 브랜딩을 만들어 냈다. 이키가이는 일본어로 '인생의 즐거움과 보람'을 뜻한다. 나는 이것을 유튜버 드로우 앤드류가 쓴 《럭키 드로우》 책과 유튜브 영상에 이키가이를 작성하는 방법을 통해 알게 되었다. 책에서는 다음과 같이 설명하고 있다.

"'이키가이란 사람이 '살아가는 보람', '존재하는 이유'를 뜻하는 개념이다. 일본에서는 '아침에 눈을 뜨는 이유'라고도 부른다. 좋아하는 것, 잘하는 것, 돈이 되는 것, 세상이 필요로 하는 것, 이 4개의 동그라미로 구성되어 있는데 인간이 보람된 삶을 살기 위해서는 반드시 이 네 가지 요소를 모두 포함한 일을 찾아야 한다는 것이 이키가이의 정신이다."

아침에 눈을 뜨자마자 빈 종이를 펼치고 1년간 이키가이를 해보자. 이키가이를 매일 하면서 나 자신과 솔직해지는 시간을 가져보자. 세상이 말하는 정답이 아닌 나만의 정답지를 만들어보자. 어떠한 내용이 반복적으로 적힐 때 그것이 우리의 진정한 꿈이자, 우리가 되고 싶은 정체성이다. 나는 이것을 나자신이 되어가는 것이라고 말하고 싶다.

그리고 1년마다 한번씩 이키가이를 하는 시간을 가지자. 1년에 한번씩 나의 정체성은 변한다. 시간이 흘러 시대가 변하듯이 우리의 정체성도 조금씩 변한다. 1년엔 한번씩 나의 정체을 알아가는 시간을 통해 예전이나 지금이나 내가 반복적으로 이야기 하는 것이 계속 있는지 알아보자. 그것이 진정한 나의 브랜드를 표현하는 길일테다. 궁극적으로 우리는 자기를 실현하기 위해 태어난 존재일테니 말이다.

한계를 넘어
상상의 힘을 활용한다

성공한 사람들은 믿은 것을 마침내 보고, 평범한 사람들은 사실을 믿고, 실패하는 사람들은 보여줘도 믿지 않는다는 말이 있다. 내가 블로그로 2년 만에 퍼스널 브랜딩에 성공할 수 있었던 가장 큰 이유는 눈에 보이는 한계를 넘어 상상의 힘을 끊임없이 연습했고 실제로 활용했기 때문이다. 블로그 시작부터 상상의 힘을 사용할 수 있던 것은 분명 아니었다. 기존에 내가 가지고 있던 고정관념과 인식의 변화를 훈련하는 데는 약 1년 반 이상 시간이 걸렸고 지금도 여전히 그 연습을 하고 있다.

블로그 글쓰기를 시작하며 2008년에 읽을 땐 전혀 마음에 와닿지 않았던 론다 번의《시크릿》을 우연히 다시 보았다. 20대에 읽었을 땐 책 속의 내용이 모두 허무맹랑하다고 느껴졌는데 다시 펼쳐보니 모든 것들이 새롭게 보이기 시작했다. 10년이 흐르면 강산이 변한다고 했듯, 처음과 달리 문장 하나하나가 나의 가슴에 와닿았다. 내가 그동안 살아왔던 삶과 책 속의 문장을 대입하며 읽어봤기 때문이다.

"지금 당신의 삶은 지난날 당신이 한 생각들이 현실에 반영되어 나타난 결과물이다. 과거에 한 생각 중에는 훌륭한 생각도 있고, 그렇지 못한 생각도 있다. 누구나 자신이 가장 많이 생각하는 것을 끌어당기기 때문에 지금까지 당신이 삶의 여러 가지 일들에 관해 어떤 생각을 해왔는지 알아보기란 어렵지 않다. 당신이 뭘 경험했는지 살펴보면 드러나므로."

나의 과거를 곱씹어 생각해 보니 현재 나의 삶은 과거의 상상과 생각들이 현실에 반영되어 나타난 삶이란 걸 깨달았다. 지난날 내가 불평했던 생각과 원치 않는 걱정들에 대한 상상은 현실로 이어졌다. 반대로 내가 무언가가 되고 싶고, 하고 싶다고 생각한 것은 실제로 이루어졌고 얻었다는 사실을 알게 되었다. 무기력했던 내가 음대생이 되고 싶다는 생각의 씨앗이 심어지니 실제로 음대생이 되어있었고, 음대생에서 음악 교사가 되고자 하니 13년간 음악 교사로 살고 있었던 나 자신을 발견했다. 그때 나는 무언가를 깨닫게 된 것이다. 모든 것은 내가 상상하고 생각해 왔던 대로 펼쳐지는 삶이라는 것을. 지금은 출판이

된 나의 책을 읽고 있는 독자를 생각하며 쓰는 중이다.

우리는 살아오면서 무언가 이루고 싶거나 원하는 삶을 생각하고 상상하는 방법을 배우지 못했다. 그렇기에 하루에 한 번씩 자기만의 시간을 가지며 무엇이 되고 싶고, 무엇을 하고 싶고, 무엇을 갖고 싶은지 상상하고 생각하면 좋겠다. 지속적인 생각을 유지해야 그것을 내가 원하는 삶으로 끌어당길 수 있기 때문이다.

나는 《시크릿》 책 이외 여러 잠재의식 책과 내 생각의 흐름이 바뀔 수 있는 책을 통해 수많은 질문과 해답을 나 스스로에게 시작했다. 그 끝에 '생각의 에너지가 현실을 창조한다'라는 끌어당김의 법칙의 진리를 온몸으로 이해하게 되었다. 그날 이후부터 오늘까지 나는 매일 꾸준히 하는 3가지가 있다. 첫째는 명상하기, 둘째 확언 선언문 적기, 세 번째가 독서와 글쓰기다. 나는 이 3가지를 2년 반 전부터 실행해 왔고 오늘도 여전히 실천하고 있다, 앞으로도 특별한 문제가 없는 한 이 행위는 내가 눈을 감는 순간까지 계속 진행될 예정이다.

✦

아침에 눈을 뜨면 나는 자리에서 미소를 짓고 웃는다. 이후 물 한 잔을 마신 뒤 명상을 실천한다. 명상은 내가 보통 5시와 6시 사이 새벽과 점심 이후 또는 잠들기 전에 이루어 진다. 조용히 책상 앞으로 들어와 앉는다. 눈을 감고 숨을 들여 마시고 내쉬는 호흡에 집중하면서 약 6~7분 정도 이 과정을 집중한다. 처음엔 내 마음이 이리저리 떠돌기 시작한다. 이런 현상도 하나하나 관찰하면서 나 자신을 계속 주시한다. 어떠한 현상도 판단하려 들거나 나 자신을 비판하려 하지도 않는다. 그저 계속 숨을 들이마시고 내시는 호흡에만 더 집중한다.

이후 확언과 선언을 작성한다. 확언과 선언은 자신의 잠재된 무의식 속에 원하는 것을각인시키는 자기암시 요법이다. 자기암시를 창시한 사람은 프랑스의 심리학자이자 약사인 에밀 쿠에(Emile Coue)인데, 그는 플라시보 효과(placebo effect)를 창시한 사람이기도하다. 플라시보 효과란 효과가 전혀 없는 거짓 약을 진짜 약으로 가장하여 환자에게 복용했더니 환자의 병세가 호전된 효과를 말한다. 그가 이야기한 자기암시 요법 중 가장 유명한 공식 문장이 있다.

'나는 날마다 모든 면에서 점점 더 나아지고 있다.'

나는 2년이 넘게 에밀 쿠에의 문장을 마음에 각인시키며 확언과 선언을 적었다. 확언이란 이루고자 하는 목표가 이미 이루어지고 있는 것처럼 단언하는 긍정적인 진술로 자기 자신이 도달하고자 하는 가장 상위 행동 목표를 적는 것이다. 초창기 확언을 적을 때 나는 1달 이내에 이룰 수 있는 확언, 6개월 안에 이룰 수 있는 확언, 1년 안에 이룰 수 있는 확언으로 잘게 쪼개가며 목표를 작성했다. 이렇게 잘게 쪼개가며 적은 이유는 거대한 돈 액수를 숫자로 적으니, 나에게 두려움과 거부감, 저항감이 밀려왔기 때문이다. 수많은 잠재의식 책에서 구체적인 재정 목표를 크게 숫자로 나타내라고 했지만, 처음 접한 나에게는 오히려 역효과가 났다. 내가 과연 꿈을 이룰 수 있는 사람인지에 대한 의심이 올라 오기도 했기 때문에. 그때부터 나는 내가 어느 정도 도달할 수 있을 만큼의 현실적인 목표치를 적는 작은 확언부터 시작했다.

그땐 몰랐지만 지금 생각해 보니 브랜딩 성장을 위한 첫 확언은 '전자책을 0월 0일까지 완성한다'와 '팔리는 전자책을 만든다'라는 것이었다. 그렇게 시작했던 작은 확언 덕분일지 몰라도 지난해 나는 약 300권의 전자책을 팔기도 했는데 방법은 다음과 같다. 일단 나는 온라인에서 무언가를 파는 사람, 블로그 플랫폼은 나만의 온라인 백화점이라 상상했다. 이후 나 스스로에게 어떻게 해야 전자책을 팔 수 있는지 질문했고 전자책이 팔리는 모습과 그 이유에 대해 디테일하게 상상했다. 그때마다 떠오르는 아이디어를 하나하나 적었고, 이른 시일 내에 실행했다. 여기에서 중요한 부분 하나가 있다. 상상을 하는 법은 막연한 상상이 아니다. 실제로 내가 어떤 전자책으로 어떻게 온라인 세상에서 팔리게 될 것인지에 대한 상상을 구체적으로 떠올릴 수 있어야 한다. 상상을 구체적으로 떠올리기 위해서 해야 할 것이 있다. 현재 돌아가는 트렌드와 시장, 대중의 시각을 반드시 공부해야 한다는 것이다. 나는 내가 어떤 포지션으로 책을 팔 수 있는지, 요즘 사람들은 어떤 내용을 알고 싶어 하고 배우고 싶어 하는지 등 세상의 흐름과 트렌드를 관찰했다. 이외 팔리는 전자책을 쓰고 수익화를 실현한 사람들의 전자책과 블로그를 1년 넘게 관찰하며 한 사람의 성장을 오랫동안 관찰하기도 했다. 내 생각의 에너지가 블로그 글쓰기로 성장하며 내가 원하는 것을 모두 끌어당긴다는 생각 때문일까? 운이 좋게도 끌어당김의 법칙 덕분인지 나는 전자책을 팔고 지식창업 글쓰기로 성장해 가는 유명 블로거분들을 만나고 접할 수 있었다. 그것도 아주 가까이서 말이다. 덕분에 나는 그들에게 다양한 방법과 비법을 2022년 겨울부터 2023년 초반까지 가까이서 하나하나 전수할 수 있었다. 지금 생각해보니 그것은 나에게 있어 큰 행운이었다. 이외 다양한 분야의 독서와 글쓰기를 꾸준히 실천한 것이 큰 도움이 되었다. 자기계발 서적만 읽었던 것이 아닌 여러 장르의 책들을 편식하지 않고 읽었고 그때 떠오르는 아이디어와 생각들을 잡아 전자책을 판매할 때 실행으로 모두 옮겼다.

돌이켜보니 전자책 한 권을 어떻게든 완성해 낸 것은 내 삶에서 많은 변화가 일어난 계기기도 하다. 온라인 세상에 나를 많이 알릴 수 있는 기회였기 때문이다. 출간과 동시에 블로그 이웃 수를 늘리기 위하여 나의 전자책을 받아 가는 조건으로 이웃을 추가하도록 했다. 그 이후 전자책과 관련된 다양한 자기계발 모임을 하며 사람들과 함께 성장을 이어 나갔다. 무료로 8주의 모임을 하면서 강의를 열어 상담했고, 매일매일 과제 검사를 했다. 하다 보니 힘듦보단 기쁘고 즐거워 1년 반 동안 쉼 없이 500명이 넘는 사람들에게 무료 스터디를 계속 진행했다.

2년이 다 되어가니 1천 명이 넘는 사람들에게 무료 나눔을 주고 있더라. 처음에 잘 떠오르지 않는 아이디어나 생각도 차츰 연습하다 보니 저절로 떠오르거나 상상되었다. 그것들이 현실에서 어떻게 벌어지는지가 궁금하여 실험한다는 생각으로 그대로 실천했다. 어떤 것은 실패했지만 어떤 것은 성공하기도 했다. 시간이 흘러 자신감이 생기다 보니 어느 정도의 재정적인 목표도 적을 수 있는 내가 되었다. 2024년 3월부터는 내가 좋아하는 일로 돈을 벌어가며 살아가고 있다.

내가 좋아하고 하고 싶은 것을 통해 돈을 번다는 것은 돈을 버는 것을 넘어서 내가 얼마나 좋아하고 미쳐있어야 하는지도 중요하다. 힘든 순간에도 좋아하는 마음과 에너지가 있어야 한다. 그 에너지는 내가 가진 한계를 뛰어넘을 수 있다는 상상의 힘이고 성공할 수 있다는 믿음의 힘이다. 여러분도 그런 상상력을 키울 수 있다. 그러니 자기 자신을 굳게 믿고 눈으로 보이는 현실을 넘어 여러분이 해낸 모습을 끊임없이 상상하길 바란다.

나답게 글을 쓰는 것이
핵심이다

작년 겨울부터 블로그를 통한 브랜딩 글쓰기와 독서 모임을 진행하고 있다. 감사하게도 사회에서 나름의 인정받으신 분들이 스터디에 신청 해주실 때가 많다. 브랜딩 블로거로서의 변화를 꿈꾸시는 분들이기에 다른 브랜딩 스터디와는 확실하게 차별되는 준비를 하고 인사이트를 나누어 드리기도 한다. 처음 스터디에 문을 두드려주셨을 때 블로그 글쓰기를 확인하고 점검하는 시간을 가진다. 대부분은 아래와 같은 사례를 가시고 있는데 이분들의 공통점이 무엇인지 한번 찾아보자.

작년 겨울 디지털 노마드의 삶을 꿈꾸고 계신 L 약사님은 퍼스널 브랜딩 글쓰기 컨설팅 을 찾아오셨다. 이분의 글을 하나하나 점검하여

살펴보니 대부분 발행 글이 질병에 관한 정보 또는 질병 치료 약을 소개하는 제품 홍보 글이었다

A 블로거는 영어를 전공하였기에 영어원문 필사 모임을 모집하여 하루 필사했던 종이를 사진에 찍은 뒤 1일 인증 블로그 포스팅을 실천하고 있다

K 회사원은 퇴근 후 자신이 좋아하는 부동산 이야기를 블로그에 포스팅하기로 결심했다. 부동산 투자하는 직장인의 타이틀로 퍼스널 브랜딩 글쓰기로 하고 싶다고 했다. 그리하여 부동산과 관련된 뉴스와 새로운 소식들을 스크랩하여 1일 1 포스팅을 하고 있었다.

위 세 명의 블로그 글쓰기에서의 공통점은 무엇일까? 바로 '나'라는 사람의 정체성이 드러나지 않은, 나답게 쓰지 않은 글이다. 퍼스널 브랜딩 글쓰기에서 가장 중요한 것이 있다면 단순한 정보와 인증 일기와 관련된 글은 쓰지 않아야 한다는 것이다. 대부분의 사람 이 글을 올릴 때 단순하게 기록하는 용도(새벽 기상, 필사, 독서 서평, 개인 일기장) 혹은 수익을 창출하기 위한 간접홍보나 정보 내용 등의 글을 올리는 경우가 있다. 정말 미안하지만, 이런 글은 챗-GPT를 통해서도 만들어 낼 수 있는 단순한 정보성의 글이나 다름없다. 타인의 관점에서 잘 생각해 보자. 단순하게 기록하는 개인 인증의 용도가 정말 퍼스널 브랜

딩을 쌓아가는 글일까? 물론 글이 하나씩 차곡차곡 쌓아가는 느낌을 보며 나 자신이 글로서 성장하고 있다고 느껴지겠지만 이것은 퍼스널 브랜딩과 아무런 연관이 없다. 더 중요한 것은 '어떤 생각과 관점의 글을 쌓느냐'다.

사람이란 자고로 자기에게 도움이 되는 사람을 찾는다. 글이든 영상이든 마찬가지다. 영화나 게임을 할 때는 재미와 즐거움을 얻기 위해 자발적인 콘텐츠 소비가 일어나기도 한다. 책도 마찬가지다. 우리가 책을 찾아 읽을 때 나에게 필요한 것을 고르는 것과 같은 이치라고 보면 되겠다. 여러분이 읽고 있는 이 책도 지금 여러분에게 필요하고 도움이 될 것으로 생각하기에 읽고 있다.

그동안 퍼스널 브랜딩으로 성공한 사람들의 글과 시중에 나와 있는 브랜딩 글쓰기와 관련된 책과 강의를 듣고 나서 깨달은 중요한 인사이트가 하나 있다. 만약 여러분이 퍼스널 브랜딩 글쓰기를 통해 인생을 바꾸고 싶다면 진정 나만이 쓸 수 있는 글을 써야 한다는 것이다. 나만이 쓸 수 있는 글이란 그 누구도 경험해 보지 못한 나의 경험이 들어간 글이다. 나의 경험이 있는 글은 꼭 내가 성공했다는 성공담만 적는 것이 아닌, 내가 실패했을 때의 경험담도 모두 포함된다. 사람은 자기가 경험해 보지 못한 스토리와 생각을 훔쳐보는 것을 좋아한다.

다시 반복해서 이야기하지만, 경제신문 요약, 챌린지 인증, 미라클 모닝 등과 같은 글은 퍼스널 브랜딩 글과 전혀 연관이 없는 글이다. 퍼스널 브랜딩이란 개인, 나라는 사람의 시각과 관점이 드러난 '사람' 냄

새가 나는 글을 의미한다. 이것이 퍼스널 브랜딩 글쓰기의 핵심이다. 사람은 본래 자기와 익숙한 사람 (라이프 스타일, 가치관, 취향, 성격, 사는 곳 등) 그 사람만이 지닌 고유한 스토리에 매력을 느낀다. 이를 다른 말로 표현해 보자면 끌림이라 말할 수 있는데, 보통 사람들에게 끌림이 일어나는 지점은 대개 다음과 같다.

첫째, 독창성이다. 모든 사람에게 만족을 주는 글일수록 공익광고와 같은 글이 될 수 있다는 것을 이해해야 한다. 그러므로 나만이 가진 시선과 스토리, 통찰력 등의 특별함이 있는 글은 누군가에게 기억이 되고 끌림이 일어나는 지점이다. 이는 네이버 블로그 캠페인의 대표 문장에도 적혀있다.

"라이프로그 블로그 캠페인은 다른 사람의 시선으로부터 자유로워져 진솔한 '나'를 기록하는 방식을 제안합니다. 사진 몇 장, 글 한 줄로 남기엔 아쉬운 당신의 삶을 블로그에 기록해 보세요!"

남들과 똑같이 하는 대중적인 생각에서 벗어나 나만의 독특한 사고 방식과 행동을 블로그에 기록해 보자.

둘째, 진정성이다. 나답게 쓰는 글이란 진실성이 있는 글이어야 한다. 지식생태학자 유영만 교수는 "얇은 거짓이 담겨있을 수 있지만 느

낌은 정직하다"라고 했다. 사람들은 시간이 지날수록 이 사람이 이야
기하는 것이 진실인지 아닌지 오감을 넘어서 육감으로 잘 알아차릴 수
있다. 현재 자신의 상황에서 힘듦이나 한계 고민이 있을 때 숨기기보
단, 그 고민의 흔적을 기록해 보거나 자기만의 아픔을 진실하게 드러
내 보도록 하자. 오히려 아픔과 시련을 딛고 일어선 글에 더 많은 응원
과 지지가 들어올 때도 있다. 나의 경우 약점이나 아픔을 공유할 때 더
많은 공감을 사기도 했다. 그러나 나의 밑바닥 전부를 드러낼 필요는
없다. 내가 드러내어 감당할 수 있는 정도까지만 적어보길 바란다.

셋째, 나만의 스토리를 담는 것이다. 우리가 드라마나 영화를 보는
이유는 무엇일까? 바로 그 안에 그 작품만의 스토리가 담겨있기 때문
이다. 사람은 애매모호한 이야기보단 분명한 스토리를 좋아한다.《무
기가 되는 스토리》에서는 스토리를 다음과 같이 표현하였다.

"스토리는 원자력 에너지와 같다. 영속적인 에너지원이고 도시 하
나를 가동할 만큼 큰 힘을 발휘한다. 인간의 관심을 몇 시간씩 붙잡아
놓을 수 있는 것은 스토리밖에 없다. 훌륭한 스토리에는 누구도 눈을
뗄 수 없다. 실제로 신경과학자들에 따르면 사람은 평균적으로 자기가
가진 시간의 30퍼센트 이상을 공상에 보낸다고 한다. 어떤 스토리를
직접 읽거나 보고 있을 때만 빼고 말이다. 이유가 뭘까? 스토리가 공상
을 대신해 주기 때문이다."

타인에게 없는 자신만의 고유한 스토리를 글로 적어보자. 고유한 스토리는 다른 말로 남다른 생각의 이야기다. 남다른 이야기 속에서 자신의 목소리를 용기있게 내고 자기만의 숨겨진 고유함과 달란트를 드러내자. 두려움을 떨쳐내고 내가 가지고 있는 솔직한 감정과 심정까지도 드러내어 보자. 한때는 세상 사람들과 너무 동떨어진 이야기를 적다 보면 스토리의 매력이 떨어질 수 있다고 생각했다. 그러나 최근에 나는 이 생각이 깨져버렸다.

오히려 게임 속 캐릭터와 같은 인물에 많은 사람이 열광한다는 것이고 그 예가 바로 '빵먹다살찐떡'(본명 양유진)이라는 크리에이터다. 닉네임의 유래는 학창시절 피시방에서 게임 닉네임을 정할 때 본인이 좋아하는 빵과 떡을 앞뒤로 놓고 자신의 상태를 중앙에 적어 현재의 빵먹다살찐떡이 탄생했다고 한다. 고숭이라는 별명이 있는데 고릴라와 원숭이를 닮았고, 빵을 굉장히 좋아하며 에그타르트를 가장 좋아한다고 자신을 소개하고 있다.

내가 생각하는 진정한 성공이란 물질적인 소유를 뛰어넘는 다양한 경험, 관계, 추억 등에 관한 스토리를 소유한 사람이다. 누구에게나 공평하게 주어진 시간의 유한함 속에서 자기만의 독창성과 독특한 경험의 자산을 쌓은 사람은 나답게 산 삶이다. 그것이 결국 가치가 있는 스토리이며 나다운 브랜딩으로 보답되리라.

✦

롤모델을 찾아 배우고 실행하는
미친 노력이 필요하다

"굶어 죽는 예술가는 스스로 충분한 재능이 있다고 믿는다. 잘나가
는 예술가는 거장을 스승으로 삼는다"

《예술가는 절대로 굶어 죽지 않는다》라는 책 속의 한 문장이다. 감
사하게도 많은 분이 나의 글을 보고 '글을 잘 쓴다, 재능이 있다'라고
말씀을 주신다. 그러나 나는 처음부터 글쓰기에 탁월한 재능이 있는
사람이 아님을 고백한다. 지금의 내가 될 수 있던 것은 롤모델을 찾아
배우며 연습하고, 실행하고, 실험했던 노력 덕분이었다. 나의 롤모델
은 현실과 책 속에 모두 존재한다. 현실에서 나의 첫 번째 글쓰기 롤모
델은 대학교 교수님이다. 20살의 나는 글쓰기를 매우 싫어했다. 대학

교 1학년, 교양필수 과목인 글쓰기와 읽기 강의에 결석하고 싶어 어떻게든 그날은 꼭 아팠으면 좋겠다고 생각했던 때가 있었다. 교수님께서 내주셨던 A4 2쪽짜리 에세이 과제가 너무 어려워 1주일 내내 방구석에서 끙끙대던 나였다. 겨자도 먹지 않았는데 눈물방울이 눈동자를 모두 가려 뿌연 시야로 컴퓨터 모니터를 온종일 바라보기만 했던 그 시절의 나는 내가 봐도 찌질하기 그지없었다.

그렇게 1주일 동안 내 머리를 쥐어짜며, 밤새워 고생한 2쪽짜리 글쓰기 과제 점수는 어땠을까? 내가 노력했던 과정에 비해 참담한 점수인 D로 찾아왔다. 잠시 나의 뇌에 정전이 왔다. 충격이었다. 결과를 보며 낙담의 골짜기에 빠져들었으나, 여기서 포기할 수 없는 이 감정은 도대체 무엇일까? 나라는 사람이 D로 끝나지 않길 바랐던 마음이었을지도 모르겠다. 수업이 끝난 뒤 내 글쓰기에 무엇이 문제였는지 궁금하여 교수님을 찾아가 정중히 여쭤보았다. 그런데 여기서 문제가 생겼다. 교수님이 어떻게 수정하고 보완 해오라 말씀을 주셨는데, 그게 무슨 말인지 도저히 이해되지 않는다는 거다. 그때 깨달았던 사실은 '나의 언어 이해력이 대학생 수준이 아닌 그 이하였다는 것'이다. 대학교를 입학하니 대학교재의 내용이 모두 내 수준을 뛰어넘는 것들이었고, 미숙한 나의 문해력과 글쓰기 실력이 바닥임을 스스로 깨쳤다.

그때부터 나는 모든 대학 교재를 전부 필사하기 시작했다. 그런 이유로 나의 또 다른 글쓰기 롤모델은 모든 책 속의 작가들이었다. 한 번만 필사하는 것이 아닌, 내 머릿속으로 이해되고 저절로 암기될 때까지 했었는데 조사 하나조차 빼먹지 않고 모조리 외워가며 지냈던 시절이었다. 이런 과정을 대학 시절과 임용 시험 시절 내내 했었는데 결과적으로 필사하기는 오늘날 나의 글쓰기에 큰 성장의 밑거름이었다. 무엇보다 어려운 텍스트들이 술술 이해되었고, 기억력도 향상되었다. 또한 필사하다 보면 마음도 치유가 될 뿐만 아니라, 작가의 세계관이 저절로 나에게 흡수되는 경험도 있었다.

시간이 지나 요 몇 년 사이 내가 새롭게 독서하는 방법이 새롭게 추가 된 것 하나가 있다. 나는 책을 읽을 때, 저자가 곧 나라고 생각하며 책을 읽는다. 나와 저자가 분리되어 대화를 나누는 독서법도 있지만 책을 쓴 저자가 곧 나라고 생각하며 책을 스펀지처럼 흡수하는 시간들이 요즘은 더 많다. 특히 내가 닮고 싶은 롤모델의 책은 더욱 그러하다.

제프 고인스의 《예술가는 절대로 굶어 죽지 않는다》에서는 다음과 같이 말한다.

혼자서는 훌륭한 예술가가 될 수 없다. 도움이 필요하다. 이제는 '성공할 수 있을 때까지 베껴라.'라고 이념만 맹신하는 아마추어는 필요하지 않다. 우리에게는 더 많은 장인이 필요하다. 자신만의 가게를 열기 전에 10년 동안 연습해 온 초밥 요리사가 있다. 누군가의 캐디로 일하며 수천 시간을 견뎌온 골프선수가 있다. 10년 동안 대부분을 팝 가수 밑에서 공부해 온 음악가가 있다. 그러한 경험은 즐겁지 않다. 하지만 미래를 위해 매우 소중한 훈련이다. 우리는 언제나 연습하고 진급

하기 위해 노력해야 한다. 거장이 되기 전에 우선 수습생이 되어야 한다.

이 책에서는 과감하게 거장에게 다가가 배움을 요청하라고 한다. 재능은 혼자서는 절대로 꽃피울 수 없기 때문이다. 나 역시 단기간에 퍼스널 브랜딩에 성공할 수 있던 가장 큰 공로도 거장과 같은 사람들이 내 주변에 있었기 때문이고, 직접 찾아 나섰기 때문이다. 시작부터 나는 나보다 앞서나간 롤모델과 멘토분들을 만나는 행운과 기회를 포착하려 했다. 고3 대학입시 성적이 그리 좋지 않아 20세 재수하던 시절 좋은 성악 스승을 적극적으로 찾아 나섰다. 주변에 성악 하는 친구들을 통해 정말 남다른 선생님을 수소문하여 찾게 되었다. 성악과 교수님이시지만 음성학을 연구하셔서 성악의 발성 메카니즘을 알고 계신 분이라는 거다. 대부분 성악가가 내기 어려운 고음을 여기에 오면 시원하게 뚫을 수 있다고 했다. 자기도 그렇게 해서 변했다는 친구의 말에 이끌려 나는 N 교수님을 찾아뵙게 되었다. 배움을 시작하며 나의 성악 실력이 기존과는 다른 목소리로 바뀌었다. 암울했던 재수생의 인생이 풀리게 되는 경험을 하게 되면서 그때 이후로 나는 내가 먼저 적극적으로 좋은 스승님이나 멘토를 찾아야겠다고 다짐했다.

그때의 습관이 여전히 남아있는지 몰라도 교사로 지내왔을 때 나는 좋은 리더들이 계시면 다짜고짜 연락하여 찾아가는 습관이 있다. 혹은 내가 먼저 이상적인 모임을 찾아가 문을 두드리기도 한다. 내가 도 교육청 연구위원 및 도내 입시컨설팅을 할 수 있던 이유도 먼저 적극적으로 그곳을 찾아갔기 때문이다. 그것이 내가 가진 행동의 가장 큰 무기다.

배울 점이 많은 리더 혹은 좋은 기회가 있을 만한 모임을 찾아가는 적극적인 의지와 기회의 포착이 필요하다. 처음 블로그를 시작했을 때부터 나는 작은 행운을 보았고, 그 행운의 기회를 나의 것으로 만들기 위해 노력했다. 2022년 3월 블로그를 시작하자마자 나와 비슷한 인생을 살아온 한 블로거를 만났다. 그분을 보자마자 나는 전자책을 구입했고, 이후 그분의 블로그 글을 읽으며 나는 적극적으로 그분께 다가갔다. 모든 글에 댓글을 달며 서로 대화를 주고받았고, 그분도 나의 글을 읽으면서 나와 비슷한 인생을 살아왔다는 것에 인상을 받아왔는지 우리는 생각보다 이른 시일 안에 친밀한 관계를 유지했다. 그분은 현재 유튜브에서 경제 인플루언서로 크게 성장하고 있다. 블로그 초창기 나는 그분 덕에 많은 지지와 응원을 받았음이 분명하다. 그렇기에 이번 책을 통해 감사의 인사를 꼭 전하고 싶다. 그분이 내신 전자책을 보고, 나도 전자책을 만들고 배포할 수 있었으며 네이버 카페를 개설하며 자기계발 모임까지 운영할 수 있었으니까. 그 이후 몇 번의 슬럼프와 어려움도 찾아왔지만 나는 매번 매 순간 좋은 인연의 멘토분들을 만나게 되었다.

나의 무의식이 진짜 어떤 삶을 원하는지를 알게 해준 멘토님을 만나 오늘날 퇴사도 할 수 있게 되었다. 여기서 끝난 게 아니다. 나는 좋은 기회에 퇴사하여 오늘날과 같은 삶을 살 수 있었는데 이것 또한 내가 만난 멘토님 덕분이라는 것을 깨달았다. 이외 유명 블로거로 크게 활약하고 계시는 멘토님, 여성 리더로서 자기의 정체성을 가지고 좋아하는 일을 하며 경제적 독립까지 할 수 있어야 한다고 말씀해 주시는 멘토님까지. 심지어 이 책을 쓰고 있는 중에도 좋은 멘토님을 만나 세상에 종이책이 나올 수 있도록 이끌어주시는 것에 대해 감사하다.

내가 모르는 것을 아는 척하는 것보다 모르는 것은 직접 두드리고 사람과 책을 한번 찾아가 보길 바란다. 책 속에서 다 말하지 않은 진짜 이야기들이 거장들로부터 있다. 내가 이상적으로 생각하는 사람은 어떤 마인드와 태도, 자세를 가지고 이야기하고 있는지 보자. 그렇게 하면서 나와 롤모델의 차이를 적어보고 이 차이를 메꿀 수 있도록 내 삶을 바꾸어나가자. 그러다 보면 나의 모습은 어느 순간 내가 꿈꾸던 이상적인 인물로 변해있을 것이다. 나를 다시 바꾸어나갔고 변해갔기 때문에 새로운 자아상이 생겨서이다.

브랜딩 탐구를 위한 질문
나의 강점 발견하기

이 책을 보는 여러분들은 앞으로 약점이나 부정적인 것보다는 강점과 능력에 더 집중하여 확장하는 시간을 가지길 바란다. 지금 종이와 펜을 들어 나의 정체성을 새롭게 정의해보자. 당신은 당신이 생각한 것보다 훨씬 더 멋진 정체성을 가지고 있는 사람이다.

1. 인생을 살아오며 나의 운명이 바뀌었던 순간은 언제였을까?
   변화하기 위해 그 당시 나는 어떤 움직임들을 했었는가?

2. 내가 퍼스널 브랜딩을 하기 위해 꾸준히 움직이고 실천한 것들이
   있다면 무엇이 있을까? 그리고 앞으로 실천하고 싶은 것이 있다면?

3. 현재 나의 정체성은 어디에 머물러 있는가?
   생산자인가 소비자인가? 나는 어떤 콘텐츠를 생산하는 사람인가?

4 다음은 아래 칸에 여러분의 이키가이를 작성해 보자.

① 좋아하는 것 :
어릴 적부터 살아오면서 좋아했던 모든 것 사소한 것까지
다 적어보기

② 잘하는 것 :
배운 것과 경험한 것을 토대로 잘했던 것을 적어보자.

③ 돈이 되는 것 :
그동안 했던 일들 또는 앞으로 ①②를 통해 수익화가 가능한 것들

④ 세상이 필요로 하는 것 :
①~③을 토대로 세상의 사람들에게 어떤 쓰임이 될 수 있을까?
(자기만의 노하우와 가치 있는 경험을 나눌 수 있는 것들)

5 나 스스로 한계를 짓거나 내 생각을 제한하는 것들이 있다면
무엇일까?

CHAPTER 2

찐팬 100명을 만드는
마법의 글쓰기 비법

해결하지 못하는 것을
해결해 주고
도와줄 수 있는 사람은

그들에게
'히어로'가 되고
찐팬이 된다.

✦

찐팬은
어떻게 만들어지는가?

지난날 팬이라는 개념은 정규 텔레비전에 나오는 연예인들만이 가능했지만, 이제는 평범한 사람도 팬을 만들 수 있는 시대다. 스마트폰과 인터넷의 확산에 따라 1인 미디어의 시대가 도래했기 때문이다. 지금 당장 전철을 타러 밖으로 나가보길 바란다. 그리고 사람들을 관찰하자. 대다수 주변 사람은 인스타나 유튜브, 블로그, 틱톡 등과 SNS 플랫폼을 보며 자기의 취향에 맞는 1인 미디어를 소비하고 있을 것이다.

1인 미디어의 콘텐츠를 꾸준히 생산하다 보면 '팬'을 넘어선 진정한 팬인 '찐팬'이 나타나기 시작한다. 팬과 찐팬의 차이는 이렇다. 팬은 내 브랜드를 좋아하고 콘텐츠를 소비하는 사람들이라면 찐팬은 '내가 도전하는 건 무엇이든 응원해 주고, 내가 만드는 건 무엇이든 사주는 사람들'이라고 볼 수 있다. 팀 페리스의 《타이탄의 도구》에서는 찐팬을 다음과 같이 설명하고 있다.

"진정한 팬이란 당신이 만드는 건 뭐든지 사주는 사람들로 정의할 수 있다. 그들은 당신이 노래하는 모습을 보러 300킬로 미터가 넘는 길을 달려올 것이고, 당신이 책을 내면 양장본과 문고판, 오디오북 버전까지 낱낱이 구입할 것이다. 실물은 보지도 않은 채 당신이 다음에 만드는 조각상을 구입할 것이고, 당신이 요리하는 모습을 보기 위해 매달 당신 식당의 테이블을 예약하고, 당신이 출연한 작품의 슈퍼 디럭스 고화질 박스 세트가 다시 출시되면 저화질 버전을 이미 갖고 있더라도 다시 살 것이다."

그러나 아쉽게도 처음부터 내가 만든 콘텐츠나 물건을 사줄 찐팬은 없다. 생각해 보자. 오늘 처음으로 만난 사람이 나에게 다가와 인생을 변화시킬 상담을 100만 원을 받고 해주겠다고 한다면 여러분은 그 제안을 받아들일 것인가? 99%의 사람들은 이 제안을 거절 할 것이다. 내가 누구인지도 모르는 사람에게 바로 거금의 돈을 투자할 사람은 없을 것이다. 진화심리학적으로 사람은 자신이 잘 모르는 불확실성에 대해 거부감을 느끼도록 설계 되어 있기 때문이다. 대부분 사람이 시간과 돈을 할애하며 지불하는 것들은 이미 자신에게 친근하고 익숙한 것들이다. 즉, 사람은 자신이 공개적으로 친숙하게 아는 것에만 반응한다.

콘텐츠를 생산하는 위치에서 우리는 낯선 내용들이 조금 더 익숙해질 수 있도록 해야 한다. 무료나 재능기부로 주는 것을 아까워하지 말고 적극적으로 내가 알고 있는 인사이트를 아낌없이 나누어 주자. 나의 경우 오늘날까지 무료 재능기부 모임을 통해 기부까지 하는 모임이 있다. 어찌 보면 재능기부의 선순환일 수도 있겠다.

이 책을 두 번째 교정하는 도중 반갑게도 내가 하는 이야기를 증명해 주는 세스고딘의 글귀를 만나게 되었다. 《마케팅이다》라는 책에서는 다음과 같이 말한다.

"효과적인 마케팅은 고객의 세계관과 욕망을 먼저 이해하고 공감을 얻으려 노력한다. 없으면 허전한 존재가 되는 것, 신뢰하는 고객들에게 기대한 것보다 많이 주는 것에 집중한다. 고객을 피해자로 만들지 않고, 마케터가 그들에게 자원봉사자가 될 수 있도록 한다."

그러므로 당신의 찐팬은 이미 당신을 다 아는 사람이 다가와 친숙해진 상태에서 물건을 사주는 것이라고 보면 되겠다. 예를 들면 우리가 파리의 에펠탑과 루브르 박물관의 모나리자를 보러 가기 위해 돈을 쓰는 이유는 이미 어릴 적부터 TV나 책 등에서 많이 보았기 때문이다. 오늘날 한국의 K-pop이 전 세계에 팬덤을 형성할 수 있는 이유도 마찬가지다. 인터넷이 급속하게 발달 되어 다양한 SNS 플랫폼에서 외국인들이 K-pop 장르에 점차 익숙해졌기 때문이다. 물론 여기엔 나름의 전략도 있다.

K-pop이 미국의 pop과 별반 차이 없는 친숙한 음의 분위기를 만든 것에 한몫했다. 과거 10년 전 K-pop과 오늘날의 K-pop의 노래 분위기는 정말 다르다. 히트가 히트를 만들듯이 K-pop을 시작으로 K 영화, 드라마, 화장품 식품 등은 어느새 전 세계인에게 사랑을 받기 시작했다. 결론적으로 우리는 콘텐츠를 구독하는 사람들에게 친근하고 익숙한 사람이 되어야 한다.

당신에게 친숙한 찐팬은 당신의 브랜드가 계속 존속되고 유지될 수 있도록 진심으로 도와주고 싶은 사람들이라 볼 수 있다. 우리는 찐팬에게 늘 감사한 마음으로 최선을 다해 내가 만든 가치로 행복과 사랑, 기쁨을 주어야 한다. 찐팬이 지불한 돈이 절대 아깝지 않도록 제공할 의무가 있다. 똑같은 것을 여러 번 반복하여 나누어 주는 것은 식상하다. 반복되지 않은 새로운 영감과 인사이트를 계속 제공할 수 있어야 하므로 배움의 자세는 필수다. 나는 팬들을 위해 새롭게 공부하고 생각하는 시간을 많이 투자한다. 스터디 가치를 지금보다 최소 3~4배 이상 높이려면 어떻게 해야 하는가에 대해 연구하며 지난 모임보다 더 나은 모임이 되려면 어떻게 해야 할 지 항상 고민한다.

내 입으로 이런 말을 하기가 부끄럽지만, 2년 동안 블로그에 글을 쓰면서 나는 찐팬을 하나둘 만나게 되었다. 어찌 보면 맨땅에 헤딩하며 하나하나 터득하고 알게 된 것들이다. 시중에 나와 있는 대부분의 퍼스널 브랜딩이나 마케팅 책에서는 이렇게들 이야기한다.

"어떻게 해야 팔릴 수 있는가? 어떻게 해야 그들이 사갈까?"

내가 생각하기에 찐팬을 단순히 나의 콘텐츠를 사 가는 사람, 일시적인 소비자로 보는 순간 일회성 판매에서 끝나리라. 사람들은 생각 이상으로 똑똑하고 현명하다. 그들이 우리를 판단할 땐 결코 눈에 보이는 오감만으로 판단하진 않는다. 또 다른 제2의 육감을 보고 당신의 팬이 될지 말지를 결정한다. 숫자로 채워진 팔로워와 구독자 수가 아무리 많아도 진정한 팬을 만드는 방법은 또 다르다. 진짜 그 사람이 성장할 수 있게 도와주어야 한다. 오래오래 내 곁에 머물고 함께 행복과 진심을 나누며 성장할 수 있도록 이끌어 주는 뜻있는 일을 해야 한다. 《돈을 끌어당기는 사람들의 비밀》에서 다음과 같이 표현하고 있다.

"높은 곳을 지향한다면 '단순한 일과 개인적인 일'에 그치지 않고 '뜻있는 일'의 영역으로까지 끌어올리도록 노력합시다. 성공한 사람들은 자신을 위해서뿐만 아니라, 남에게 도움이 되겠다는 사명감을 가지고 모든 일에 임합니다. 그러면 그들이 그렇게까지 하는 이유는 무엇일까요? 그들은 남들에게 도움이 되면 될수록, 누군가를 응원하면 할수록 그 당사자로부터는 아니라 해도 반드시 어딘가에서 보답을 받을 수 있다는 것을 알고 있기 때문입니다. (중략) 물론 보답 같은 것은 기대하지 않습니다."

초창기 무렵부터 지금까지 나는 팬들을 위해 개인적인 일에 그치지 않고 남에게 도움이 되는 뜻있는 일을 했다. 블로그 시작부터 오늘날까지 유지하고 있는 확언 선언 모임, 아지트를 초대하여 인생에 고민이 있으신 분들과의 대화 등 계속 타인에게 먼저 도움이 될 수 있는 일을 선뜻 내어주었다. 그들의 응원 덕분에 여기까지 왔다고 해도 과언이 아니다. 나를 응원해 주는 힘은 계속 내가 성장하고 나아갈 수 있게 해주는 힘이 실려있기 때문이다. 초반에는 찐팬 한 명만이라도 진심 어린 마음으로 성장할 수 있도록 도와주면 된다. 그 사람이 결국 또 다른 팬을 데려올 것이기 때문이다.

내가 잊지 못하는 인상 깊은 찐팬 한 명이 있다. 2년이 지난 지금도 여전히 나와 함께하고 있다. 그분이 나의 찐팬이 될 수 있던 이유는 궁극적으로 그분의 인생을 180도 변 할 수 있도록 마인드 세팅부터 콘텐츠 크리에이터가 가져야 할 자세, 인사이트 등까지 많은 도움을 계속 주었기 때문이다. G 님은 나를 찾아왔을 당시 정신적으로 가장 힘든 시기였다. 코로나로 인한 카페 창업 실패, 마케팅 공부하며 지식창업에 도전했지만 실패했고, 투자와 코인 실패, 성인 ADHD, 폐암 4기 등으로 가장 힘들었던 시기에 나는 끝까지 G님이 꾸준히 실행할 수 있도록 도와주었다. 한 번도 무언가 끝까지 결과물을 내본 적이 없다는 그녀가 에세이 전자책을 완성할 수 있도록 도와주었고, 커뮤니티 모임을 통해 처음으로 수익화를 실현해 드리기도 했다. 최근 그녀는 커피숍 브랜딩 프로젝트팀에 참가하며 자신의 진짜 꿈을 찾았다. 얼마 전 들은 소식으로는 커피숍의 공동대표로 일을 하고 있다고 한다. 예전보다 강인함과 자기만의 확신이 생겼고, 절대 포기하지 않는 꾸준함까지 장착되었다. 나는 그분이 무엇이든 끝까지 해낼 수 있는 사람이라는 것을 알기에, 그녀가 잘되는 그날을 함께 상상하며 기대하고 있다.

2년 반 동안 블로그에서 1천 명이 훌쩍 넘는 사람들을 도와주었다고 했지만, 실제로는 곧 2천 명을 앞두고 있다. 나의 꿈은 지구별에 있는 사람들이 자기다운 삶과 기쁘고 행복한 삶을 살아가는 데 도움을 주는 것이다. 언제나 상대방 입장에서 도움이 필요한 부분이 무엇인지 관찰하자. 해결하지 못하는 것을 해결해 주고 도와줄 수 있는 사람은 그들에게 '히어로'가 되고 찐팬이 된다.

✦

1,000명이 아니라
100명의 찐팬으로 성공이 가능한 이유

팀 페리스가 쓴 《타이탄의 도구들》에서는 1,000명의 진정한 팬을 만들라는 부분에서 다음과 같이 이야기하고 있다.

"성공한 사람이 되기 위해서는 100만이라는 숫자는 필요하지 않다. 100만 달러도, 100만 명의 고객이나 클라이언트, 팬도 필요 없다. 공예가, 사진작가, 음악가, 디자이너, 작가, 애니메이터, 앱 제작자, 기업가, 발명가로 살아가기 위해 당신에게 필요한 건 1,000명의 진정한 팬뿐이다."

내가 2년 동안 글쓰기를 꾸준히 운영해 본 결과 꼭 1,000명의 찐팬이 아니어도 된다고 말하고 싶다. 100명의 찐팬, 아니 그 이하여도 충분히 가능하다. 구독자나 팔로워 수가 아무리 많아도 수익화가 성공적으로 이루어지진 않는다. 최근 나와 함께 서울 부동산 도슨트 전문가로 퍼스널 브랜딩을 실현하신 S 님은 팔로워가 5천 명이 되지 않는다. 100명의 찐팬도 아직 없다. 그런데도 현재 유료 부동산 스터디 모임으로 일반 직장인 월급의 수익을 내시기도 하신다. 그 이유는 부동산에 있어서 자기만의 관점과 전문성을 분명하게 내세웠기 때문이다. 그만큼 자기만의 시간을 가지며 혼자서 철저하게 공부하는 시간을 많이 가지시기도 한다. (내가 듣기론 아파트 하나를 보는데도 본인이 살 집이라 생각하면서 하나하나 분석하고 따져보신다고 하셨다) 모든 사람의 사랑과 마음을 얻으려고 계산된 글, 또는 단순히 조회수가 높은 글은 그 누구의 마음도 얻지 못한다고 말하고 싶다.

　1,000명이 넘는 사람들과 대화를 나누다 보니 나와 같은 상황인 사람들이 그리 많지 않다는 것을 느꼈다. 그때부터 나는 포지션을 바꾸기로 결심했다. 1,000명의 찐팬을 잡으려는 글보다는 오히려 단 한 명의 찐팬을 위한 글을 써보자고 말이다. 오히려 단 한 명의 찐팬을 제대로 감동하게 하거나 진정으로 성장시켜 행복할 수 있게 도와준 경험이 더 중요하다. 그런 경험치가 한 명에서 열 명으로 쌓이기 시작하면 어느 순간 갑자기 내 주변에 하나둘 팬들이 찾아오게 된다. 그렇게 두 자리 숫자로 넘어가면 부단히 노력해야 하는 순간이 찾아온다. 그러니 부디 눈에 보이는 숫자 전부를 믿지 말길 바란다. 퍼스널 브랜딩은 어떠한 게시글과 숫자가 쌓이는 게 아닌 어떤 메시지의 글이 쌓이느냐가

더 중요하다.

《타이탄의 도구들》이야기는 이제는 틀렸다고 자신있게 주장하고 외쳐보고 싶다. 1,000명이 아닌 100명 이내 찐팬으로도 퍼스널 브랜딩 성공이 가능하다는 것을 말이다. 실리콘밸리 벤처캐피털(VC)의 리 진(Li Jin)은 "이제는 1,000명이 아니라 100명에 도전하라"라고 말하기도 했다. 《타이탄의 도구들》에서 100달러를 내는 1,000명의 팬을 만들라고 했다면, 1,000달러를 쓰는 오직 100명의 진정한 팬을 모으는 것이 필요하다고 했다. 무엇보다 100명의 찐팬으로도 퍼스널 브랜딩이 가능한 이유는 따로 있다. 지난 과거 중앙집권적인 공중파 시대에서 초개인, 즉 '나노사회'로 변화되었기 때문이다. 나노사회란 《트렌드 코리아 2022》라는 책에서 소개한 10대 소비 트렌드 키워드로 다음과 같이 설명하고 있다.

"나노사회란 개인의 취향, 산업의 형태, 사회적 가치가 점차 극소 단위로 파편화되는 현상이다. 산업화 이후 꾸준히 제기돼온 문제이기는 하나 그 경향성이 점점 더 강력해졌을 뿐만 아니라 다양한 트렌드 변화를 추동하는 중요한 동인이 되고 있다. 공동체가 개인으로 모래알처럼 흩어지고 개인은 더 미세한 존재로 분해되며 서로 이름조차 모르는 고립된 섬이 되어간다."

나노사회로 인하여 콘텐츠의 시장도 나노 타깃을 대상으로 하는

'나노시장-유통' 현상이 두드러졌다. 즉 과거에는 일반적인 대중을 위한 대량 생산이 보편적이었다면 지금은 소비자의 취향과 선호가 미세화된 개인 맞춤형으로 변화되었다. 60년대~80년대까진 부모를 모시고 자녀가 있는 3대가 살아가는 대가족의 시대였고, 90년대 이후 자녀만 있는 4인 가구가 보편화된 시대가 되었다. 2000년이 지난 오늘날과 미래엔 더 작은 1인 가구를 선호하는 추세로 전환된다. 결혼 대신 비혼을 택하고, 조직에 소속되어 일하기보단 혼자 일하는 방식을 선택하는 사람들이 점점 증가하는 추세라는 것을 알아야 한다.

이 모든 변화의 결과로 구성원 사이의 공통 분모가 계속해서 작아지면서 오늘날 사람들의 가치관은 1인의 사고관으로 계속해서 쪼개져 '나 중심'으로 변해가고 있다. 나노사회선 자기의 상황과 맥락, 필요에 맞다고 판단된다면 가격과 상관없이 그에 맞는 서비스와 상품을 지불하기도 한다. 지금부터 한번 시도해 봤으면 좋겠다. 더 적은 사람에게 더 집중적으로 효과를 보게 해준다면 그들은 당신의 상품을 또 재구매 할 것이다.

✦

시대의 흐름을 잘 타고난 덕분인지 몰라도 오늘날 나의 퍼스널 브랜딩의 큰 무기는 개별화 맞춤 솔루션이라 생각된다. 공동의 목표를 가지면서도 개개인이 가진 각자의 고민이나 문제를 직접 해결해 주고자 한 노력을 2년 동안 하다 보니 빛이 나기 시작했다. 딱 30명 이내의 고민을 해결해 주려고 노력했다. 그래서 나의 스터디는 일방적인 강의로 전달되는 방식이 아닌 서로가 함께 소통하면서 각자만의 목표에 도달할 방법을 늘 연구하고 고민한다. 한 분 한 분 자세히 들여다보면 그들의 마음 상태와 각자가 가진 고민과 성장의 속도, 방향 모두가 다르다. 1:1 상담을 나누다 보면 절대 같은 솔루션으로 해결책을 줄 수 없다고 생각한다. 전체 강의 스터디를 진행하면서도 개별 상담과 챙김을 언제나 고수하는 이유다. 퍼스널 브랜딩은 기계처럼 똑같이 찍어낼 수 없다. 각자마다 가진 무기와 스토리가 다르기 때문에, 세상에 나눌 수 있는 것들이 전부 다르다.

또한 브랜딩은 꼭 블로그에서만 하는 것이 아니다. 다른 SNS 플랫폼에서도 나의 이야기를 다르게 풀어낼 수 있다. 내가 말을 더 잘한다면 오디오나 유튜브로, 사진의 효과, 그림과 같은 형태로 풀어낼 수 있다. 자기만의 감성과 이야기를 잘 풀어낸다면 인스타그램 등 개인에게 더 잘 맞는 플랫폼부터 선택하라고 말하고 싶다. 머리로 아는 것과 그 길을 직접 경험해 보고 실천하는 것은 별개다. 개념을 이해하고 눈으로 보는 것과 직접 현실에 적용하는 것은 해보지 않고는 모를 일이다. 무엇이든지 앉아서 보고 듣기만 하는 것이 아니라 온몸으로 실천해 보면서 자신에게 잘 맞는 길이 무엇인지 알아야 한다. 그러므로 매일 하루 한 번 글쓰기를 통해 더 부딪히고 깨지고 부서지는 실천을 하면 좋겠다. 《필립 코틀러 마켓 6.0》의 저자인 필립 코틀러는 큰 흐름을 늘 예의 주시해야 한다고 다음과 같이 이야기했다.

"앞으로의 마케팅 트렌드는 잘파세대(Z세대와 알파세대를 통합하여 부르는 말)가 이끌어 갈 것이다. 그들이 현재 익숙하게 생각하는 방식이 결국 마케팅의 미래가 될 거다."

잘파 세대들은 주변의 어른이나 다수가 아무리 이야기해도 자신의 개인적인 관심사가 아니면 더 이상 쳐다보지도 않는 세대다. 그들의 인생에 감 놔라 배 놔라 이야기할 경우 오히려 반감을 살 수 있다고 했다. 필립 코틀러는 이 현상이 특히 온라인에서 더 뚜렷해질 것이라고 말했다. 개개인이 자신의 관심사에 집중한다는 것은 다른 말로 자신에게 관심 없는 것에 대한 모든 소통을 끊는다는 것과 같은 말이다. 이것은 절대다수가 사라지고 각자 지향하는 정체성에 따라 수많은 소수로 나뉜다는 이야기다. 누군가는 이들을 설득하여 하나로 만들고 싶어 하겠지만 불가능에 가깝다. 많이 팔리려면 '대중적인 접근을 해야 한다'가 점점 대입되지 않는 시대가 왔다.

나노사회엔 잘파세대가 트렌드를 이끌어가기 때문에 사람들이 점점 쪼개지고 세분화되는 시대가 되었다. 각자의 취향을 존중해서 나의 팬이 되는 시대는 1,000명의 찐팬보다 더 적은 100명의 찐팬으로도 성공할 수 있다.

열정과 진심을 담은 글쓰기는
감동을 일으킨다

많은 사람이 내 글을 읽다 보면 나에게 열정과 진심이 느껴진다고들 한다. 가끔은 나 스스로 내가 하는 글쓰기 열정에 놀라울 때가 있다. 도대체 내 열정의 원동력은 어디서 온걸까? 때론 미쳤다 싶기도 하고 제정신이 아닌 거 같기도 한 나의 모습에 나 자신이 놀랄때도 있다. 그럴때마다 나는 글쓰기의 힘에 놀라곤 한다. 하루하루 글을 쓰다 보니 알았다. 내가 글쓰기를 뜨겁게 사랑하고 진심이라는 것을 말이다. 그럴때마다 나는 아래의 시 한 편이 떠오른다.

"연탄재 함부로 발로 차지 마라.
너는 누구에게 단 한 번이라도

뜨거운 사람이었느냐

반쯤 깨진 연탄

언젠가는 나도 활활 타오르고 싶을 것이다.

나를 끝닿는 데까지 한번 밀어붙여 보고 싶은 것이다.

타고 왔던 트럭에 실려 다시 돌아가면

연탄, 처음으로 붙여진 나의 이름도

으깨어져 나의 존재도 까마득히 뭉개질 터이니

죽어도 여기서 찬란한 끝장을 한번 보고 싶은 것이다.”

안도현 시의 《너에게 묻는다》를 읽을 때마다 나는 나 자신에게 뜨거운 적이 있었는지를 물어본다. 또 내가 무엇으로 이 세상을 뜨겁게 하고 싶은지 물어보기도 한다. 살아오면서 이렇게까지 뜨겁게 살아온 적은 처음이라고 고백해 본다. 작가가 나에게 천직이었다는 것을 나는 매일 글을 쓰면 쓸수록 깨닫는다.

기본적으로 내 삶의 모토는 '누군가 또는 세상에 도움이 될 수 있는 사람'이 되고자 하는 마음 이지만, 블로그를 처음 시작했을 때는 오늘과 같은 열정이 아니었음은 분명하다. 블로그 글쓰기의 시작은 출산 후 육아 우울증에서 벗어나, 나 자신이 정신적으로 살아남기 위해 적었던 생존의 글쓰기였기 때문이다. 온종일 집 안에 갇혀있으면서 나는 무언가에 대한 몰입이 필요했다. 마음 한편에 찾아오는 알 수 없는 불안감과 답답함, 두려움을 모두 잊고 싶은 마음에서 시작한 글을 매일

매일 꾸준히 쓰다 보니 내 생각이 점점 깊어지기 시작했고, 내면의 목소리가 들리기 시작했다. 내면의 울림 속에서 원하는 것들이 하나둘 떠오르기 시작했고, 나는 그것들을 모조리 글자로 받아적기 시작했다. 2022년 4월, 블로그에 1:1 성인 진로 인생 상담을 모집하고 싶은 마음이 생겼고, 곧바로 시도했다. 지난 13년간 교사로 일하며 꾸준히 해왔던 것 중 하나가 있다면 학생들과의 1:1 상담을 365일 쉬지 않고 해왔던 것이다.

학생들 상담을 성인들에게도 적용해 보고 싶다는 생각이 문득 들었다. 그래서 블로그를 통해 1:1 성인 인생 진로 상담 모집 글을 올렸다. 감사하게도 3명이 성인 진로 인생 상담을 신청해 주셨고, 나는 이를 성심성의껏 진행하면서 알 수 없는 희열과 기쁨을 느꼈다. 특히 Y 님이 남겨주신 후기의 글을 읽고 나는 앞으로 사람들을 일으켜주는 한 사람이 되고 싶었고 그렇게 되기로 결심했다.

"오늘 지혜 님과 인생(진로) 상담을 마쳤다. 이 상담 후기를 잊지 않기 위해 이 글만큼은 지금 쓰고 자야겠다. 나에 대한 심도 있는 상담을 하기 위해서 사전에 카톡으로 이런저런 질문도 던져 주시고 블로그 글도 읽으시면서 나를 탐색하는 시간을 가지시는 모습에 감동했고 감사했다. 누군가를 알아가려는 노력은 그 사람에 관한 관심이 수반되어야 하므로 결코 쉬운 일이 아니라고 생각한다. 그리고 오늘 상담이 진행되었다. (중략) 상담 내용 전체를 놓고 봤을 때는 블로그 글 하나로 담기에는 진심 어린 조언과 도움이 되는 내용들이 정말 많았다. 이런 이야기를 통한 배움들은 앞으로의 글을 통해 나타나게 할 것이다."

이 책을 써 내려가는 중에도 독자 중 누군가는 이 책을 통해 큰 힘과 자신감을 얻었다는 이야기, 이렇게 좋은 책은 정말 오랜만에 본다는 메아리를 끊임없이 상상하며 적는 중이다. 비단 이 책이 한국에서만 출판되는 것이 아닌 머지않아 해외에서도 나의 책이 외국어로 번역되어 베스트셀러가 되는 꿈의 열망도 내 안에 가득하다. 그 이유는 글쓰기를 통해 전 세계 사람들에게 슬픔과 우울을 날려버리고 행복과 사랑의 힘을 전파한다는 생각과 감정이 내 몸속에 뜨겁게 존재하기 때문이다.

메슬로우 욕구에 따르면 지금 내가 가진 욕구의 단계는 결핍 욕구를 넘어 성장 욕구의 최상위 단계인 자아실현과 초월을 하고자 하는 욕구와 맞닿아 있다. 자아를 실현하는 것은 자기의 잠재력을 최대한 실현하고자 하는 욕구다. 자아를 초월하는 욕구는 자기의 잠재력을 실현하는 것을 넘어 자기 삶의 목적과 의미를 부여해 삶의 방향성을 제시하는 단계다. 즉, 개인의 목표를 달성하는 것도 중요하지만 공동체의 목표를 위해 노력하는 과정에서 더 큰 보람과 만족을 느끼는 것이다.

나는 세상에 무언가를 기여하고자 하는 마음으로 진심을 담아 글을 쓴다. 글쓰기를 통해 나와 타인 모두에게 의미가 있고 가치가 있는 일을 하고 싶다. 누군가는 열정의 일부가 돈에서 비롯된다고 하지만 내가 보았을 때 지금 내가 하는 이 일은 돈을 향한 열정만을 쫓기엔 상당히 어렵다고 볼 수 있다. 돈 자체에는 본원적인 특성이 있지 않기 때문이다. 단지 내 꿈의 크기가 강남 아파트나 에르메스 명품 백, 월 1천만 원과 같은 물질적인 것에만 머무를 수 없다는 것을 말이다. 나는 앞으로 내 삶에 더 의미 있는 꿈을 꾸고 나 자신을 뛰어넘는 새로운 결정을 내릴 수 있는 열정적인 삶을 살아갈 것이다. 열정과 진심은 언제나 나 자신과 주변 사람을 감동하게 하기 때문이다. 나의 열정과 행복은 누군가를 도와주고, 또한 그 사람이 자기만의 길을 묵묵히 걸어가는 모습을 볼 때 일어난다. 사람의 성장을 일으키는 데에 열정이 있는 것이다.

나는 글쓰기와 사람, 성장, 멘탈, 교육, 투자에 나 자신을 걸었지만, 이 글을 보는 독자는 자신이 잘할 수 있는 무언가에 걸 수 있다. 외국어일 수도 있고, 투자일 수도 있고, 육아, 공학, 독서, 그림, 음악, 음식, 꽃, 장난감, 양말, 신발 등이 될 수 있다. 지금 당신에게 질문 한 가지를 하고 싶다. 내가 가장 가슴 설레고 두근거리는 순간은 언제일지 말이다. 그것이 나의 열정과 진심이 될 수 있다.

태어나 한 번쯤은 현실에 타협하지 말고 맞서서 나의 모든 것을 걸어보길 바란다. 나의 몸과 마음 영혼 모두 내가 진정으로 좋아하고 가슴 뛰는 것에. 누군가는 당신의 열정과 진심에 감동하여 움직이게 될 것이다.

누군가는
당신의 **열정과 진심**에
감동하여
움직이게 될 것이다

✦

다른 곳에서는 볼 수 없는
나만의 관점이 필요하다

최근 나는 블로그 외 또 다른 SNS인 인스타그램과 유튜브를 시작했다. 차고 넘치는 온라인 메시지 홍수 속에서 무수한 사람들이 이야기들을 끊임없이 전하다 보니, 도대체 누가 누군지 기억이 나지 않을 정도다. 때론 어느 한 사람은 메시지 발행 피드가 너무 자주 떠올라 소음과 같이 느껴지기도 했다. 정말 미안하지만 결국 나는 내 기준에서 도움이 되지 않는 팔로우는 구독을 취소하거나 알림 설정을 끌 수밖에 없었다. 내가 알림 설정을 끄게 된 사람들의 유형은 결국 나에게 필요가 없는 콘텐츠라 느꼈을 때였다.

반대로 내가 구독하게 된 팔로워의 유형은 그 사람에게서만 볼 수 있는 생각과 관점이 분명했고 끌림이 있는 글이었다. 여기서 핵심은

'다른 곳에서는 절대 볼 수 없는 나만의 관점'이 있어야 한다는 것이다.

너무 복잡하게 이야기했다면 단순하게 '나만의 스토리'라고 이야기하겠다. 이것이 정답이라 생각한다. '마이 스토리'인 것이다. 우리는 이미 그 정답을 모두가 가지며 살고 있다. 영어로는 '넘버 원(Number One)'이 아닌 '온리 원(Only one)'인 이야기를 써야 하는 것이다. 이 세상에서 가장 유일무이한 이야기는 결국 여러분이 자신의 이야기를 풀어나가는 것이다. 그 이야기는 분명 수십 또는 수백수천만의 블로그와 달리 특별하다. 다른 말로 이야기하면 나만의 차별화된 포인트다. 그렇다면 나의 이야기를 어떻게 써야 할까? 나는 2년 동안 직접 경험하며 몇 가지를 깨달았다.

첫째, 같은 소재, 사건이라도 나의 플랫폼에서만 볼 수 있는 '끌림'이 있는 글이어야 한다. 여기서 핵심은 같은 주제나 소재라도 자기만의 생각과 관점이 있는 글인 것이다. 많은 사람이 자신이 본 드라마나 영화, 책 서평, 여행, 관람 전시, 일상 등을 포스팅한다. 그 포스팅 내용은 줄거리, 정보, 경험의 순서 등을 그대로 정리하여 옮겨 적은 것들이다. 그러나 자신이 경험한 행위와 내용을 정리한 것은 의미가 없다. 그러한 정보들은 얼마든지 검색하면 볼 수 있기 때문이다.

그것을 내가 다시 풀어서 나만의 독창적인 시각을 최소 두세 문장이라도 제시하는 것이 중요하다. 그 독특한 관점의 문장은 읽는 독자가 한 번도 생각해 보지 못했던 부분이기 때문이다. 그것이 바로 매력적인 글이자 끌림, 남들과 다른 차별화가 일어나는 지점이다. 감사하게도 많은 분들이 나의 글이 끌린다는 이야기를 들었다. 대다수가 생각해 보지 못했던 차별화된 생각, 철학, 가치관 또는 행동이 반영되었기 때문일 거다. 마음속으로는 그렇게 시도해 보고 싶었지만, 실패나 거절당할 두려움 등으로 인하여 해 보지 못할 수도 있다고 생각된다. 최근 내가 쓴 칼럼에는 돈 버는 행위에 대하여 내가 바라보는 관점을 적은 글이 있다.

"나의 퍼스널 브랜드 오프라인 식구분들이 콘텐츠를 대량 생산하지 않아도 돈을 탁월하게 잘 버는 이유, 방탄렌즈 첫 모임부터 부자의 돈 그릇까지.... 마인드와 삶이 변했던 이유, 오늘날까지 오래오래 함께하셨던 분들의 삶과 마인드가 탁월하게 변하는 이유, 우린 돈 버는 행위를 최고의 예술이라 생각하기 때문이다. 돈 버는 행위는 인간의 창조적인 생각과 아이디어가 현실로 구현되는 아름다운 행위 예술이고, 신성하고, 고귀하고 소중한 것이다."

둘째, 흥미로운 이야기와 구체적이고 생동감 있는 표현이 필요하다. 사람들은 단순한 정보 나열보다 이야기를 더 좋아한다. 무엇보다 그냥 이야기 구조가 아닌 흥미로운 구조를 사용하면 더 쉽게 몰입하게 된다. 이 세상에서 가장 흥미로운 구조는 기승전결이 뚜렷하거나, 감정적인 고저가 있고 예상치 못한 반전이 있는 글들이다. 나의 이야기는 한해 한 해마다 예상치 못한 반전이 있는 글들이 참 많다.

2022년, 우연히 블로그 글쓰기를 하다 갑자기 퇴사를 결심하고 내가 좋아하는 일을 하겠다고 선언을 했다. 2023년, 블로그에 나만의 공간을 만들어 영성 모임과 부자의 돈그릇이라는 세상에 단 하나뿐인 모임을 열었다. 2024년, 새로운 공간으로 이동하면서 꿈을 함께 이루는 사람들과의 이야기를 적어나가고 있다. 최근 나는 교통사고를 통해 죽을뻔한 고비를 넘기고 기적처럼 나아지는 하루를 보내고 있는데 이 글도 예상치 못한 반전이 있는 글이다.

오늘 아침 나는 달리기를 하던 도중 집으로 돌아오는 길에 교통사고를 당했다. 대교에서 보행자 신호를 누르고 기다렸다. 보행자 신호가 초록등으로 바뀐 것을 보고 곧바로 건넜던 것이 화근이었고. 멀리서 차가 오고 있었기에 그 차가 당연히 멈추리라 생각했던 것이 나의 오판이었다. 왜냐하면 봉고차에 치여 순간 몸이 날랐으니까.

(중략)

죽은 줄 알았다. 아주 잠시 3초 정도 죽음의 끝에 있다 생각했다. 생생하고 선명하다. 그빛의 세계를 느껴본 것이 태어나 두 번째다. (20대에 이와 비슷한 교통사고를 당한 적이 있었는데 그때도 신이 살려줬다고밖에 생각이 나지 않는다) 몇 초가 지나 눈을 떠보니 세상이 보였다. 살아났다는 것도 잊은 채 아이들 생각이 났고, 오늘 해야 할 일들이 떠올랐다.

첫째 아이가 학교에 지각할까 봐 몸을 일으켜 집으로 향하려 했다. 문제는 몸이 너무 아팠다는 거다. 턱과 왼쪽에 치인 엉덩이 부분과 골반 등. 이루어 말할 수 없을 정도로 고통스러웠다. 그러나 그 고통을 뛰어넘는 생각은 이 운전자가 무엇을 하다 나를 친 것일까였다. 순간 벌떡 일어났다.

글을 쓰고 하루하루를 살아가며 나 스스로는 영화와 같은 삶을 살아가고 있다고 생각한다. 거침없이 무언가에 계속 도전하며 꾸준히 성장하는 모습, 예상치 못한 이벤트와 시련의 고통을 글로 하나하나 펼쳐가니 독자들이 다시 나의 글을 찾아보는 듯 하다. 이 책이 출간되는 2025년, 나에게 어떤 일들이 찾아올지 기대되는 요즘이다.

셋째, 독자의 관점을 생각하여 글을 쓴다. 별거 아닐 수도 있겠지만 글을 쓰기 전 나는 독자의 관점을 생각하며 글쓰기를 준비한다. 내 글을 읽을 독자는 누구일까? 그 독자가 가진 문제나 고민은 무엇일까? 무엇을 해결하고 싶을까 등을 이해하고 이에 맞춘 해법의 글을 쓴다. 여기에 마법의 비법이 또 하나가 있다. 독자의 관점을 생각하며 적을 때 나의 진솔하고 진정성 있는 이야기를 함께 적으면 독자들이 더 쉽게 몰입되고 공감대가 형성된다.

전자책을 쓰려는 누군가는 분명 나의 글을 통해 어떻게 해야 팔리는 전자책이 될 수 있었는지를 보러 왔을 것이다. 내가 전자책을 판매하게 되는 과정에서 성공담만을 적는것이 아닌 지금 내가 가진 한계와 어려움, 실패 등을 적고 이를 통해 배운 교훈과 나아가는 과정을 담는 것도 독자의 관점을 생각하며 글을 쓴다. 개인적인 경험과 내 꿈의 크기, 아픔을 솔직하게 공유할수록 공감을 더 많이 샀다.

✦

내 블로그 글에서 이웃분들에게 좋은 공감을 얻었던 나만의 관점이 있는 칼럼 글을 하나소개해 보려 한다. 칼럼의 제목은 '나는 곧 죽어도 아지트와 살롱을 만들어 보려고'라는 미래의 나의 꿈을 도전하기 위한 일종의 다짐과 같은 고백 글이다. 공간을 좋아하는 '나'라는 사람이 왜 공간을 좋아하는지, 왜 아지트를 만들고자 하는지를 다양한 나만의 관점과 스토리로 풀어냈다. 대한민국 아파트라는 공간을 어떻게 바라보고 높은 천장이 있는 공간을 좋아하는 이유를 생각의 크기와 관련하여 적어본 글이다.

"누구나 경험해 봤을 것이다. 좋은 공간에 있으면 우리에게 주는 힘과 에너지가 있다는 것. 그 힘과 에너지는 몸과 머릿속에 스며들어 기분 좋은 행복감을 주고 다양한 상상력 가져가 준다는 것. 나는 천장이 높은 공간을 좋아한다. 뭐랄까.... 천장의 크기는 내 뇌의 크기와 상관

관계에 있는 거로 생각해야 하나. 대한민국 아파트 천장 높이는 2.3 ~ 2.4 미터로 규격화되어 있기에, 수십 년간 아파트 구조 속에서 갇혀 지낸 나는, 아무래도 이 구조에 제대로 가스라이팅을 당하며 살아나 보다. 최소 3미터가 넘어가는 공간에 들어갈 때면, 내 한편에 있는 가슴속의 답답함이 뻥 뚫린다. 가슴속의 답답함이 뚫리는 순간 내 안에 갇혀있던 생각들도 하나둘 스멀스멀 올라온다.

천장이 높고 통이 큰 유리 창문에서 하늘과 푸른 산, 바다, 멋진 조경 등 이 보이면 쾌적함이 절로 느껴진다. 그러한 곳은 나에게 다양한 상상력과 영감을 준다. 마치 내가 다른 나라에 여행을 온 것처럼. 이국적인 느낌이 내 주위를 맴돈다."

2023년 1월에 적었던 이글은 다른 곳에서 볼 수 없는 나만의 온리원 생각과 스토리가 있다. 일종의 차별화 포인트가 있는 것이다. 그 차별화는 끌림으로 이어지고, 그 끌림은 나만의 관점이기도 하지만 한편으로 독자의 관점에서 일어날 수 있는 끌림이기도 하다.

모두의 관점에서 가장 끌리는 글의 큰 핵심은 여러분이 가진 생각과 말을 행동으로 일치시켜 글쓰기로 현실화하는 것이 아닐까? 그것만큼 가장 짜릿한 것도 없을 듯하다. 꿈을 현실화 했으니까.

◆

한 명의 찐팬이
또 다른 찐팬을 불러온다

한 명의 가치 있는 충성 팬은 어떻게 만들어질까? 초창기 나는 딱 하나만을 생각했는데, 그 생각의 진심과 열정이 많은 사람에게 전염이 된 거 같다. 단순하게 내가 알게 된 가치를 세상 사람들과 함께 나누어 그 사람들의 삶에 긍정적인 변화가 일어나길 바랐다. 자비를 들여 1:1 컨설팅을 받아 가며 《방탄렌즈의 지혜》라는 전자책을 만들었고 블로그를 통해서 모임을 만들었다. 사람들과 책 내용을 가지고 8주간의 무료 스터디를 했다. 단 하루도 빠지지 않고 1일 과제 미션을 매일 주면서 스터디를 진행했던 그때의 진심이 2년간 이어지다 보니 찐팬이 한 명 두 명 생겨나기 시작했다. 나의 이야기를 열린 마음으로 들어주셨던 찐팬분들은 실제 삶이 변했고 성장했다.

나는 첫 모임부터 지금까지 스터디에 계신 분들의 부정적인 감정을 완전히 제거하여 긍정의 마음으로 바꾸는 노력을 하고 있다. 물론 현실적으로는 전부 다 이루어지진 않았다. 그러나 마음이 있고 없고의 차이는 분명했다. 내가 생각한 에너지가 공명이 되어 어느 분들은 자기 삶에서 180도의 변화를 일으켰기 때문이다.

모임의 열정이 전염되었던 덕분인지 초창기 공동체 속에서 함께 했던 방탄렌즈의 모임 성과율이 '파레토 법칙(Pareto principle)'을 이겼던 순간이 종종 있었음을 고백해본다. 그건 아마도 오그만디노의 《더 나은 삶을 위하여》의 글귀를 떠올리며 모임을 적용해 왔기 때문일지도 모르겠다.

"친구든 적이든 사랑하는 사람이든 낯선 사람이든 당신이 만나는 모든 사람을 대할 때, 그들이 마치 오늘 밤 안에 죽을 것처럼 행동하십시오. 지극히 사소한 관계에 있는 사람일지라도 당신이 베풀 수 있는 모든 배려와 친절과 이해와 사랑을 베풀고 그러면서도 어떤 대가가 돌아올 거로 생각지는 마십시오. 그러면 당신의 삶은 결코 똑같은 모습으로 되풀이되지는 않을 것입니다."

파레토 법칙(Pareto Principle)은 20대 80 법칙이라고도 알려져 있으며, 이탈리아의 경제학자 빌프레도 파레토(Vilfredo Pareto)에 의해 처음 제안되었다. 파레토는 이탈리아 부의 분포를 연구하면서 인구의20%

가 전체 부의 80%를 소유하고 있다는 사실이다. 이 관찰은 이후 다양한 분야에 적용되었으며, 다음과 같은 방식으로 일반화되었다. 기업 매출의 80%가 상위 20%의 고객으로부터 발생한다. 생산성 작업 성과의 80%가 20%의 중요한 작업에서 나온다. 우리의 옷장에서 20%를 80%의 비율로 입는다. 비록 이 수치가 정확하게 80%와 20%가 아니라 하더라도 전체적인 경향성은 뚜렷하게 나타난다.

실제로 요즘 나의 유료 모임 스터디를 신청해 주시는 분도 전체 나의 글을 읽는 구독자 중 20%에 해당하는 분들이고 감사하게도 모임 수익의 80%를 지불하시고 있다. 파레토의 법칙을 통해 20%의 찐팬 한 분 한 분이 누구인지를 알게 되면서 오히려 우린 더 깊고 돈독한 관계가 되었고 이분들에게 나는 더 많은 시간과 정성을 들이고 있다.

"잡은 물고기에게는 먹이를 안 준다"라는 말이 있지만, 오히려 나는 반대로 행동한다. 그들이야말로 가장 나에게 가치 있는 고객이기 때문이다. 찐팬은 팬을 넘어서 가치 있는 고객이다. 그렇다고 하여 팬들이 절대 중요하지 않다는 이야기는 아니다. 그분들도 충분히 찐팬이 될 수 있는 잠재 고객이기 때문에 이분들에게도 늘 좋은 태도와 인상을 심어주는 것이 기본값이다. 찐팬은 결코 스스로 태어나지 않는다. 내가 만든 상품의 서비스를 통해 나와 오래오래 교감을 하면서 만들어지는 사람들이다. 가치 있는 고객은 나라는 사람이 어떤 사람인지를 꿰뚫어 볼 만큼 똑똑하고 합리적이기 때문에 그들은 이득이 있어야 움직인다. 그러므로 찐팬에게 줄 수 있는 이득과 사랑받을 수 있는 상품, 서비스에 관해 끊임없이 고민해야 한다.

나는 원하는 가치를 넘어서 실제 삶에서 효과를 볼 수 있고, 무언가를 더 줄 수 있는 스터디를 고안하고 제안한다. 가장 중요한 건 참여 가격의 비용보다 '최소 3배 이상 더 준다'라는 각오로 찐팬들을 대우했다는 것이다. 찐팬분들이 지불했던 비용의 3배 이상을 받을 수 있는 스터디를 준비했다. 때로는 돈으로 환산할 수 없을 만큼의 가치를 제공하기도 한다. 그들의 삶이 예전과는 전혀 다른 삶을 살고 있길 바라는 나의 진심이 가득해서일지도 모르겠다. 그러니 나의 스터디나 모임은 비단 비즈니스 관계로만 이어지는 것이 아닐 테다. 그동안 태어나 한 번도 누군가에게 털어놓지 못한 속 깊은 이야기를 들어주며 아무 말 없이 그 사람을 위로해 주고 공감해 줄 때도 있으니 말이다. 가장 중요한 서비스는 가치를 통해 편안함과 행복감, 안심을 가지실 수 있게 해드렸다. 이외 기대하지 않았던 부분까지 챙겨주는 섬세함과 강의를 추가로 더 제공했다. 예를 들자면 이러하다.

"부자 돈그릇 시즌 2는 부정적인 감정을 제거하고 긍정적인 마인드를 가질 수 있게 하는 모닝페이지 내적 글쓰기 모임이었다. 본 스터디 전 모임 분들과 한분 한분 상담해 보니 이분들이 브랜딩 글쓰기에도 관심이 있으셨다는 사실을 알게 되었다. 그리하여 총 4회에 걸쳐 온라인 브랜딩 글쓰기 스터디 강의를 추가로 제공해 드리고자 결심했다.

이외 상담 기간이 아님에도 불구하고 먼저 세심하게 연락하여 안부를 물어보거나, 오늘 하루의 컨디션이 어땠는지를 자주 물어본다. 과제를 제출해야 하는 시기에 과제 제출이 되어있지 않다면 한 번 더 연락하여 안부를 물어보고 마음 상태가 어떤지 살펴보기도 했다. 그분들에게 많은 응원의 에너지 전달을 계속 드리는 편이다."

나는 강의에서만 끝내지 않는다. 최종적으로는 고객이 원하는 어떤 결과물을 실제로 얻을 수 있게 도와주도록 하고 있다. 최근에 내가 깨달은 것은 고객들은 실행과 경험을 원한다는 것이다. 이걸 알게 된 후, 고객들이 한 번도 경험해 본 적 없는 체험과 실행을 직접 할 수 있게끔 마중물을 제공하고 있다. 부자의 돈그릇, 퍼스널 브랜딩 글쓰기와 독서 모임에서는 꾸준하게 실행을 이어갈 수 있도록 움직임의 과제를 주고 있다.

물고기를 잡아다 주는 것이 아니라 물고기를 직접 잡을 수 있는 방법과 지혜를 주는 것이 내 모임의 특징이다. 자기만의 가치를 꾸준히 글쓰기로 알리는 것과 동시에 실행방법을 강의로 제공하고 마음을 다했다. 이때 개별적인 과제와 상담을 통해 한명 한명에게 진심을 다해 집중한다.

찐팬 한 분 한 분에게 집중하여 더 크게 성장하고 발전하는 기회를 잡으면 그들은 주변 사람들에게 입소문을 내기 시작한다. 그러다 보니 23년 겨울부터 오늘까지 나는 스터디 식구분으로부터 아래와 같은 이야기를 반복적으로 들었다.

"지혜 님, 저희 남편도 지혜 님의 스터디를 신청해서 들었으면 좋겠
다는 생각이 들었어요. 그동안 저의 부정적인 것들이 사라지고 긍정의
마음이 채워져서 180도 다르게 행동하는 것처럼, 남편도 그렇게 되었
으면 하거든요"

이렇게 말씀해 주는 분들은 진짜 나의 열혈고객이다. 내가 제공했던
서비스에 만족한 고객은 다른 사람에게 나의 모임을 소개한다. 사람들
은 광고보다 친구나 가족의 추천을 더 신뢰한다. 모임을 통해 성장하
고 달라진 모습을 보인 한 팬이 자신의 긍정적인 경험을 주변 사람들
에게 이야기하면 그 이야기는 설득력 있는 추천이 된다. 이에 따라 주
변 사람들도 자연스럽게 관심을 가지게 되고 팬이 될 가능성이 높아진
다. 찐팬 한 명이 만족하여 퍼트리는 입소문은 광고보다 더 큰 힘을 발
휘한다.

소통 할 기회의 장을
자주 마련할 것

2년 동안 끊임없이 모임을 열면서 상담을 지속할 수 있었던 원동력 중 하나는 아래와 같은 이야기를 자주 들었기 때문이다.

"지혜님과 상담하다 보면 주변 사람들과는 이야기할 수 없던 이야기들이 참 많았어요. 심지어 가족에게 단 한 번도 이야기 해 본 적 없던 것들을 속 시원하게 꺼내놓을 수 있어 참 좋네요. 내가 어떤 이야기와 생각, 의견을 말하면 모든 사람은 저를 이상하게 바라보거나, 비판하거나 그게 말이 되는 소리냐는 이야기를 해요. 때론 저의 이야기를 잘 들어주지 않기도 하고요.

그런데 지혜 님과 나누는 이야기들, 때론 모임에 계신 분들과는 모든 이야기가 다 허용되고 심지어 응원을 주는 곳이네요. 가장 큰 수확은 이 모임에 제 편이 많이 있다는 사실이 가장 뿌듯하고요. 어느 곳에서도 이루어질 수 없는 소통이 이루어지고 있어서 계속 이곳에서 이야기를 나누며 듣고 배우고 싶어요."

위와 같은 이야기는 특히 내가 전화나 톡 문자를 통해 자주 듣는 이야기기도 하다. 나는 스터디를 하면서도 한분 한분의 이야기를 세심하게 경청하며 듣는다. 전화상담이나 모임을 시작하면 내 이야기를 시작하기보다는 상대방의 이야기를 먼저 듣는다.

경청은 소통에 있어 최고의 칭찬이자 당신을 신뢰하고 존중한다는 진심 어린 태도이기 때문이다. 생각해 보면 나 역시 누군가가 나의 이야기를 진심 어린 태도로 들어줄 때 그 사람에 대해 열린 마음이 생기기 시작했다. 여기에 한발 더 나아가 나는 경청을 하면서 추임새와 같은 질문을 주곤 한다. 스스로 문제의 답을 찾을 수 있도록 엉켜있던 실타래를 살짝 풀 수 있는 해결점을 주는 방법이기도 하다.

나와 1:1로 스터디를 하고 계시는 F 님과 올 한 해 이루고 싶은 비전보드를 만들었고, 이에 대하여 이야기를 나누고 있었다. F 님의 비전보드에는 미국에 있는 워런 버핏을 만나러 버크셔 헤서웨이 주주총회를 간다는 것이 있었다. 연초부터 F 님은 미국에 가고 싶다고 이야기도 했었고 가겠다는 말을 나에게 자주 이야기를 했다. 그런데 주주총회가 다가와 티켓과 미국 여행 준비가 다 마쳐야 할 시점에 F 님께서는 아직 비행기 티켓을 끊지 않으셨다고 이야기하셨다. 가지 못하는 이유와 가기 어려운 상황들을 이야기하고 있었기 때문이다. 이에 내가 드린 질문은 하나였다.

"F 님은 미국에 별로 가고 싶지 않으신가 봐요."

이후 우리는 다른 이야기들을 많이 주고받으며 헤어졌다. 밤늦게 F 님으로부터 문자와 사진 하나가 왔다. 버크셔 헤서웨이 주주총회를 가겠다는 이야기였다. 이후 곧바로 주주총회 티켓과 비행기 티켓을 끊으셨고 미국을 다녀오셨다. 그분이 남기셨던 블로그 칼럼 내용은 다음과 같다.

"연초부터 미국 가고 싶다는 말은 여기저기 했었고, 슬슬 갈 때가 되었는데 별로 진척이 없었으니, 저에게 물어봤던 것인데, 저는 가지 못하는 이유, 가기 어려운 상황에 대해 장황하게 둘러대고 있었습니다. 그렇게 돌아온 대답은 '별로 가고 싶지 않은가 봐요'였습니다. 집으로 돌아가면서 이런저런 핑계를 대며 못 갈 것 같다고 말했던 저의 모습이 떠올랐고, 정말 가고 싶은 마음이 없는 거냐는 질문을 곱씹어 보면서 집으로 돌아왔습니다.

한 번은 꼭 만나고 싶었고, 저의 롤모델이자 제 꿈인 버크셔를 눈으로 보고 싶었는데 저는 이런저런 핑계를 대고 있었습니다. 돌이켜보니 가장 큰 두려움과 걱정은 뭐니 뭐니 해도 '돈'이었습니다. 안 그래도 비싼 티켓값은 미쳐 날뛰는 환율과 함께 사악한 가격을 형성하고 있고, 목표한 자산 규모는 저 멀리 있는데 그 와중에 큰 지출을 해야 한다니 당연히 그럴만하죠.

할 수 있는 이유는 한 가지, 무엇을 하든 뭔가를 할 수 있는 이유보다 할 수 없는 이유가 훨씬 더 많습니다. 어떤 것을 할 수 있다면 그것은 할 수 있는 이유가 많기 때문이 아니라 그런데도 할 수 있는 이유를 가지고 있기에 할 수 있습니다. 여러 가지 이유가 가지 않는 것에 대해 정당성과 합리성을 부여했지만, 그럼에도 저는 제 꿈을 제 눈으로 직접 보고 현장의 분위기를 느끼고 싶어서 갑니다. 버핏을 직접 보지 못하면 두고두고 아쉬울 것 같아 떠납니다. 이번 여정을 가게 된 이유는 단 한 가지, 꿈입니다."

상대방의 이야기를 충분히 들어본 뒤 그 사람이 미처 생각해 보지 못했던 관점의 하나를 던져 주다 보면 스스로 해답을 찾는 경우가 있다. 때론 상대방의 이야기를 충분히 들어본 뒤 상대방이 생각하거나 원하는 해결책 또는 답이 무엇인지도 물어본다. 누군가는 이런 방법이 시간 낭비일 수 있겠다고 생각하겠다. 그러나 이러한 경청을 통해 '상대방은 자기의 이야기에 귀를 기울여주는 사람'이라고 생각하게 된다. 나는 내가 이 분야의 전문가니까 내 이야기를 전부 따르라고 이야기하지 않는다. 오히려 그 사람의 상황과 이야기를 듣고 이 문제를 앞으로 어떻게 해결하고 싶고 어떠한 방향으로 이끌어 가고 싶은지도 이야기를 먼저 들어보기도 한다. 그러던 중 내가 깨달은 중요한 것 한가지는 경청 후 상대방이 듣고 싶은 이야기를 해 주는 것이었다. 나의 고집을 비워내고 상대방의 이야기를 먼저 듣다 보면, 그 사람은 자연스럽게 나의 편이 된다.

✦

소통이 더 흥미로워진 것은 오프라인 스터디를 열면서부터였다. 오프라인 모임에 오신 분 중에는 멀리 지방에서부터 기차를 타고 올라오시는 분들도 계신다. 나의 모임을 초반에 오셨던 분들은 깊은 사연과 고민이 있다. 특히 대부분이 가진 고민은 현재 돈에 대한 막연한 두려움과 불안감, 의심 등과 같은 부정적인 감정 때문이었다. 삶의 역경과 시련에 직면했을 때였다. 각자 크고 작은 사연을 안고 살아가며, 특히 돈이나 대인 관계로 인해 생긴 불편한 감정을 털어놓고 해소할 공간이 바로 돈그릇 공간이었다.

나의 오프라인 모임은 조금 특별하다. 일방적으로 가르치는 강의라기 보다는 여럿이서 소통하며 그 사람의 이야기를 주의 깊게 관찰하고 이에 대한 해답과 솔루션을 드릴 때가 있다. 이때의 해결책은 함께 있는 스터디 멤버분이 해결책을 주기도 한다. 비슷한 처지와 환경을 경험하신 분들이 그 해결을 이루어나갔던 방법을 들으면서 서로가 동기부여를 받게 된다. 나는 이 방법을 오프라인 모임을 하면서 자연스럽게 터득했었고, 내가 깨닫게 된 이야기를 니시노 아키히로의 《꿈과 돈》에서 다음과 같이 이야기 했다.

"여기 있는 손님은 모두 '다른 손님과의 소통'에 돈을 내는 거야. 이 가게의 콘텐츠는 다른 손님과의 소통이야."

나의 오프라인 모임은 다른 곳에서 만날 수 없는 사람과 사람을 연결해 준다. 다른 곳에서 차마 이야기할 수 없는 불편한 이야기들을 모두 늘어놓는 모임이었다. 한편으로 혼자만의 고민과 인생의 수수께끼와 같은 문제들을 함께 협력하여 풀 수 있는 소통의 장이 되기도 했다. 그래서 나는 소통의 기회를 늘 마련한다.

나의 고집을 비워내고
상대방의 이야기를
먼저 듣다 보면,

그 사람은 자연스럽게
나의 편이 된다

본질에 충실한 글이
강력한 입소문을 만든다

지난봄, 15년 전에 졸업했던 모교를 찾아갔다. 언덕배기에 있는 학교에 걸어 올라가며 좋아했던 B 찜닭집이 여전히 그 자리를 지키며 장사하고 있음을 발견했다. 가게가 사라지지 않고 자리를 지키고 있음에 반갑고 기뻐 무작정 가게 안으로 들어갔다. 예전 맛이 그대로인지 궁금하여 곧바로 찜닭을 시켜 먹었는데, 내가 먹었던 예전의 맛 그대로를 유지했다. 맛집이 오랫동안 사랑받는 비결은 세월이 지나도 맛과 서비스의 변함없는 한결같음을 유지하기 때문 아닐까.

찜닭에는 그 집에서만 먹을 수 있는 섬세하고 남다른 맛이 있었다. 신선하고 질 좋은 닭과 채소, 달지 않고 인위적이지 않은 담백한 간장의 맛은 찜닭의 본질에 충실했다. 원재료가 좋으면 입소문은 저절로 나게 되고 모두에게 사랑받는 맛집이 된다.

기본에 충실하다는 섯, 본질에 충실하다는 것은 '근본적인 것에서부터 익히고 행한다'라는 의미다. 글쓰기의 본질도 오랫동안 사랑받는 맛집과 다를 바 없다. 본질에 충실한 글은 남들이 소장하고 싶을 만큼의 좋은 글이다. 그들은 좋은 글을 발견하면 자기만의 플랫폼에 공유하거나, 자기만의 개인 글 저장소에 옮긴다. 독자들은 좋은 글이라 생각되면 타인에게 글귀를 전달하고 입소문을 낸다.

발 없는 말은 온라인상에서 천 리가 아닌 만 리로 확장될 수도 있다. 때론 그 만 리가 자기 나라에서 다른 나라로 뻗어나가 해외로까지 나아가는 힘을 가질 때도 있다. 그렇게 해서 우리가 알게 된 작가 중 한 명은 무라카미 하루키일 것이다. 그렇다면 강력한 입소문을 만드는 글을 쓰기 위해 우리는 어떤 노력이 필요할까? 나는 그 해답을 세계적으로 굵직한 상을 받은 무라카미 하루키의 일상 루틴에서 찾아볼 수 있다고 생각한다.

"오전 4:00~12 : 00 글쓰기

12:00 ~ 14 : 00 달리기 (10킬로, 또는 수영 1.5킬로)

14:00~ 21:00 휴식 (낮잠, 독서, 음악감상)

21:00 취침"

무라카미 하루키의 일상을 보면 루틴이 있고 일상이 단순하다. 그의 하루 계획은 철저하며 작가의 삶이 우선순위라는 것이 느껴진다. 글을 쓰는 것도 그냥 아무 시간에 쓰는 것이 아닌, 꾸준히 같은 시각에 습관적으로 쓴다. 이러한 일상의 루틴은 비단 하루키에게만 있는 것은 아니다. 우리나라에도 무라카미 하루키와 같은 일상을 가진 작가가 있다. 바로《후회 버리는 습관》의 저자인 한근태 작가다. 그는 40대에 작가가 되었음에도 불구하고 40여 권이 넘는 책을 집필했다. 그는 이 책에서 다음과 같이 자신의 일상을 이야기했다.

"나는 일찍 자고 일찍 일어난다. 저녁 8시 반쯤 잠자리에 들어 이튿날 3시 반쯤 일어난다. 새벽에 일어나면 항상 차를 마시면서 글을 쓴다. 얼추 5시간 정도 작업하는 것 같다. 새벽 3시에서 8시 사이에는 전화나 카톡은 오지 않는다. 방해하는 사람도 없고 술 한잔하자고 전화하는 사람도 없다. 아무 방해가 없다. 변수도 없다. 그때 집중적으로 일할 수 있다.

나는 주중과 주말 구분이 없다. 똑같다. 5시간 정도 일하고 나면 머리가 뜨거워서 더 이상 일할 수 없다. 그러면 동네에 위치한 헬스장에 간다. 헬스장에서 운동을 하면 공부하는 시간과 비슷하다. 뇌가 활발하게 움직인다.

그다음 점심을 먹는데, 주로 약속이 정해져 있다. 저녁 약속을 하지 않기 때문에 대부분 외부인은 점심에 만난다. 점심 이후에는 슬렁슬렁

지낸다. 산책도 하고, 넷플릭스 영화도 보고, 낮잠도 자고. 별다른 일상은 거의 없다. 따지고 보면 일반인보다 훨씬 적은 시간을 일하는 셈인데, 지적인 아웃풋을 꾸준히 생산해 낼 수 있는 비결은 내가 가진 좋은 습관 덕분이라는 것이 내 가설이다."

본질에 충실한 글을 쓰기 위해서는 결국 좋은 습관을 지녀야 한다. 글을 쓰기 위해 그들은 삶을 단순화했고 매일 글을 썼다. 그냥 쓴 것이 아니라 꾸준한 습관을 지니고 있었다. 음식의 본질이 가장 좋은 식재료와 변하지 않는 고유의 맛이었다면, 좋은 글의 본질은 좋은 컨디션으로 다져진 작가의 삶이어야 한다. 좋은 글이 나오기 위해선 작가는 자신의 몸과 마음을 좋은 상태로 끌어 올려놓을 필요가 있다. 건강한 신체에 건강한 정신이 깃들어야 좋은 글이 나오는 것이다. 늘 좋은 컨디션을 유지할 수 있도록 루틴과 일상의 단순함을 가져보자. 하루 중의 일부는 오로지 글을 쓰는 사람으로 존재하기 위해 펼쳐지는 시간을 가져보자. 평범한 사람도 꾸준히 글 쓰는 시간의 삶을 나아가다 보면 어느 순간 진정한 작가로서 존재하는 시간이 찾아올 것이다.

나 역시 2년 전만 해도 분명 글을 쓰는 사람이 아니었다. 블로그 글쓰기를 꾸준히 하며 글 쓰는 몰입의 루틴을 가지다 보니 오늘날 꾸준히 글을 쓰는 퍼스널 브랜딩 전문가로 자연스럽게 자리 잡게 되었다. 아이들이 학교와 어린이집에 있는 시간에도 쓰고, 읽고, 공부를 했지만, 때론 모두가 잠든 저녁과 이른 새벽에도 시간을 가졌다. 분명 나는 글 쓰는 것을 사랑했고, 더 잘 쓰고 싶은 작은 욕심이 있었기 때문이다. 정확하게 이야기하자면 글을 쓰는 시점의 나 자신을 이미 '작가'라는 사람으로 진지하게 바라보고 있었다.

지금, 이 글을 쓰고 있는 중에도 스스로 '베스트셀러 작가'라는 마음으로 글을 쓴다. 내가 나를 어떻게 바라보는지에 따라서 내 꿈이 현실로 이루어지는 경우가 많았기 때문이다. 그러기 위해선 자기 자신을 잘 통제하고, 잘 다룰 수 있는 사람이 되는 것이 1순위일 것이다.

이 이야기가 평범한 삶을 살고 있는 여러분에게 해당하지 않는 이야기라 생각이 든다면 지금 여러분은 스스로 자기의 생각에 제한을 가하거나 통제한 것이라 생각한다. 누구나 자신이 어떤 정체성을 부여하고 그렇게 살겠다고 마음을 먹고 실천하면 그렇게 되는 삶이 펼쳐진다. 그저 내 마음가짐의 문제일 뿐이다. 모든 것은 마음먹기에 따라 달려있다고 하지 않았던가. 대부분이 자아실현을 하지 못하는 이유는 진정한 자기 자신이 되는 것보다 타인에게 맞추거나 어울리는 연기가 더 편해 보이기 때문이다. 타인이 나를 기대하는 모습보다는 내가 나에게 기대되는 모습을 만들어 가자. 나 자신답게 쓰는 글이 될 때 가장 가치 있는 글이 적힌다. 그 글은 많은 사람들에게 감동과 울림을 주고 공유가 된다.

무라카미 하루키의 《직업으로서의 소설가》라는 책에서 다음과 같이 이야기한다.

"작가에게 무엇보다 중요한 책무는 조금이라도 질 좋은 작품을 지속적으로 독자에게 제공하는 것입니다. 문학이라는, 이른바 전쟁터의 최전선에서 맨몸으로 혈전을 펼쳐나가는 상황입니다. 거기서 살아남고 또한 앞으로 나아가는 것, 그것이 내게 주어진 과제입니다."

무라카미 하루키가 위와 같이 말한 내용은 퍼스널 브랜딩에서도 별반 차이가 없다. 퍼스널 브랜딩 글쓰기에서도 중요한 책무는 질 좋은 글과 콘텐츠를 구독자에게 제공하는 것이다. 자본주의와 1인 미디어의 최전선에서 맨몸으로 살아남고 나아가는 것 역시 퍼스널 브랜딩의 숙명이자 운명이다. 그러기 위해서 오늘도 나는 진심이 담긴 글을 지속적으로 독자에게 제공하고 있다. 이렇게 꾸준히 글을 쓰고 운영하다 보면 진심이 닿은 사람들이 하나둘 찾아오게 된다.

본질에 충실한 글은 무엇일까? 내가 보았을 때 본질에 충실한 글은 유행을 타지 않고 어느 시대에도 적용될 수 있는 글이다. 그 글은 시간이 지나도 기억에 남는 글이겠다. 기억에 남는 글은 글쓴이의 진심이 담긴 글이기도 하다. 진심이 담긴 글은 사람들에게 마음의 울림을 주는 좋은 글이고, 그들은 다시 또 그 사람의 기억을 떠올리게 하여 다시

보고 싶게 만든다. 나는 시간이 지나도 다시 한번 보고 싶은 글이 결국 본질에 충실한 글이라 말하고 싶다. 오늘 여러분들이 올려보고 싶은 본질에 충실한 글은 무엇일까? 다시 한번 보고 싶은 글을 올려보길 바라며.

브랜딩 탐구를 위한 질문
나만의 브랜딩 글쓰기 목적 찾기

1. 지금 내가 하는 브랜딩 글쓰기가 개인적인 일인가 혹은
   뜻있는 일인가? 남에게 도움이 되겠다는 사명감을 가지고
   모든 일에 임하고 있는가?

2. 나에게 찐팬이 있다고 생각되는가? 있다면 몇 명이 있다고
   생각하는가? 나는 찐팬들에게 어떤 것을 주고 있는가?

3. 나의 글과 타인의 글을 읽어보면서 나만의 뾰족한 관점과 생각이
   있는 부분은 어디일까? 그동안 적어 온 글을 보면서 체크해보자.

4. 삶을 살아오면서 나는 주변 사람들에게 친절과 이해로
   사랑을 베풀고 있는가? 그리고 나는 어떤 대가가 돌아올 거라는
   기대를 하고 있는가?

5. 하루 내가 글쓰기에 몰입하는 시간은 얼마인가? 나는 꾸준히 글을
   쓰고 있는가? 글을 쓰는 시간만큼 읽는 시간도 있는가?

CHAPTER 3

퍼스널 브랜딩을 위해
놓쳐서는 안 될 생존 역량 7가지

남들을 따라
하기보다는

남들과 **다른** 행위를
계속 이어가고
쌓아가자고
스스로에게 말했다.

나만의 무기가 되는
스토리가 있는가

23년 9월 말 용산에 나만의 아지트를 열어 글쓰기 모임을 열었을 당시 J 님께서는 나에게 아래와 같은 편지 글귀를 선물로 주셨다.

"신비로움이 너무 인상적이면 사람은 거기에 따르기 마련이다. – 어린왕자-"

많은 분이 나의 모임에 참여하게 된 이유, 또는 나의 글을 알림 설정까지 하여 계속 글을 읽게 되는 이유를 물어보면 아래 세 가지를 말해준다.

첫째. 끌리는 무언가가 있다.

둘째. 남다른 실행력을 닮고 싶었다.

셋째. 내가 어떻게 성장하는지 계속 이야기를 듣고 싶고, 보고 싶다.

지난 2년간 내가 걸어온 길을 돌이켜보면 남 눈치 보지 않고 나만의 고집스러운 길을 묵묵히 걸어 온 것 같다. 수많은 블로거가 존재하는 온라인 공간에서 나는 남들과 다른 포지션을 갖기로 했다. 남들이 똑같이 가는 길의 방향을 비틀기로 말이다. 남들을 따라 하기보다는 남들과 다른 행위를 계속 이어가고 쌓아가자고 스스로에게 말했다. 즉 나는 남들이 가지 않는 길을 택한 것이다.

블로그 글쓰기를 하던 도중 직장을 박차고 용산 아지트를 만들어 새로운 삶을 펼쳐내는 이야기는 오로지 나만이 할 수 있는 이야기다. 많은 사람이 내가 가는 길이 힘들고 어려울 거라고 말할 때 오히려 나는 이 길을 걷지 않았더라면 더 힘들었을지도 모른다. 생각해 보자. 머릿속에서 수많은 생각과 상상이 우리를 지배하고 있지만, 정작 현실에서 무언가 선뜻 도전하지 못해 후회했던 시간이 참 많지 않았던가.

2005년 스탠퍼드 대학에서 스티브 잡스가 했던 연설이 그때는 와닿지 않았지만, 2023년 다시 들으니 한 문장 한 문장이 나에게 가슴 깊은 울림을 주었다. 그때부터 나는 내 호기심과 직관이 끌리는 삶을 따라가기로 결심했다. 그의 연설에서 가장 기억에 남는 문장들이 있었다.

1. 순전히 호기심과 직감만을 믿고 저지른 일들이 훗날 정말 값진 경험이 되었습니다. 물론 제가 대학에 있을 때는, 미래를 내다보고 점들을 연결하는 것은 불가능한 일이었습니다. 그러나 10년 후에 뒤돌아보니, 그것은 매우 분명했습니다. 달리 말하면, 지금의 여러분은 미래의 점들을 연결할 수 없습니다. 단지 현재와 과거만을 연관 지어 볼 수 있을뿐이죠.

그러므로 여러분들의 시간은 현재와 미래가 어떻게든 연결된다는 걸 믿어야 합니다. 배짱, 운명, 인생, 카르마 등. 그 무엇이든 믿음을 가져야만 합니다. 왜냐하면 현재가 미래로 연결된다는 믿음이 여러분의 가슴을 따라 살아갈 자신감을 줄 것이기 때문입니다. 아무리 험한 길이라 하더라도 말입니다. 그리고 그것이 인생의 모든 차이를 만들어냅니다. (중략)

2. 저를 계속 움직이게 했던 힘은, 제가 했던 것을 사랑하는 것뿐이었습니다. 여러분이 사랑하는 일을 찾아야 합니다. 그 일을 아직 찾지 못했다면, 계속 찾으세요. 현실에 안주하지 마세요.

3. 17살 때, 이런 경구를 읽은 적이 있습니다. '매일 인생의 마지막 날처럼 산다면, 언젠가는 꼭 성공할 것이다.'라는 이 글에 감명받은 저

는 그 후로 지난 33년간 매일 아침 거울을 보면서 저 자신에게 묻곤 했습니다. '오늘이 내 일생의 마지막 날이라면 지금 하려고 하는 일을 할 것인가?' 며칠 연속 '아니'라는 답을 얻을 때마다 나에게 변화가 필요하다는 것을 알게 되었습니다. '곧 죽는다'라는 생각은 인생의 결단을 내릴 때마다 가장 중요한 도구였습니다.

4. 여러분의 시간은 한정되어 있습니다. 다른 사람의 삶을 사느라 인생을 낭비하지 마십시오. 타인의 생각 결과물에 불과한 '도그마'에 빠지지 마십시오. 타인의 견해가 여러분 내면의 목소리를 삼키지 못하게 하세요. 또, 가장 중요한 것은 가슴과 영감을 따르는 용기를 내는 것입니다. 이미 여러분의 가슴과 영감은 여러분이 되고자 하는 바를 알고 있습니다. 그 외의 모든 것은 부차적인 것이죠.

고작 2년이지만, 블로그에 한 장 한 장 글을 쓰며 나의 의도와는 상관없이 타인의 비판과 비난이 있던 시간도 있었다. 흔들리는 시간이 있었지만, 나만의 고집스러운 길을 이어 나갔다. 그 고집스러운 나만의 길은 나의 꿈이 있는 길이자 오로지 나만이 가질 수 있는 스토리가 있는 길이다. 나만이 가질 수 있는 스토리는 유일무이한 서사시와 같은 것이기에 글을 읽는 독자가 끌림을 느끼게 하는 힘이 있다.

퍼스널 브랜딩에서 가장 큰 무기가 되는 것은 여러분들만의 스토리다. 여러분의 실패담, 초라한 작은 이야기 하나조차도 서사시의 시작점이 될 수 있다. 오늘날 내가 블로그로 성장할 수 있게 한 터닝 포인트는 '첫 번째 전자책의 실패'에 있으니까. 태어나 처음으로 전자책을 만들어 세상의 누군가로부터 큰 혹평 하나가 오히려 나를 성장하게 했다. 지금 생각해 보니 그때 나를 혹평했던 사람은 한두 명이 아니었다. 내가 무료로 전자책을 배포할 때부터 있었다. 전자책을 배포함과 동시에 무료 모임을 시작하면서 누군가는 댓글로 나의 여정이 오랫동안 가지 않을 거니 그만두라는 식으로 다그치는 사람도 있었다. 만약 그때 스스로를 실패한 사람으로 여겼다면 지금의 나는 절대 존재하지 않았으리라 생각된다.

진짜 성공은 실패를 어떻게 다시 살려 나가느냐에 있다. 꺼진 불씨를 다시 살리는 연습을 해보자. 꺼져가는 불씨를 살려 나가는 길에서 모두가 모여 응원을 준다. 그것이 또 타인에게 진정성 있게 다가와 신뢰가 구축되는 기반의 스토리가 된다. 여러분만의 무기는 작은 것에서부터 시작된다. 결코 대단하거나 큰 이야기를 할 필요도 없다. 서로 비슷한 배경, 환경, 경험 등을 가지고 있을 때, 남다르게 기억되는 자기만의 이야기를 솔직하고 진솔하게 담아보자. 내가 눈으로 보고 느낀 것들을 구체적으로 선명하게 묘사해 보자. 누군가는 그 이야기에 연결되어 공감되고 반응할 것이다.

✦

주는 사람이
성공한다

뿌린 대로 거둔다는 말이 있듯이 나는 삶에서 주는 것이 받는 것보다 훨씬 더 중요하다고 생각하는 사람이다. 무엇을 줄 수 있는 사람은 자신의 마음과 인심이 넉넉한 사람이란 뜻이며 다시 넉넉한 선물이 나에게 돌아오는 것을 경험할 것이다. 서양의 'Give&Take'라는 말에서도 'Give'가 먼저 나온다. 받는 것이 먼저가 아니라 주는 것이 먼저라는 뜻이다.

내가 아무리 퍼스널 브랜딩을 위해 오랜 생각과 철저한 준비, 최선의 노력, 내가 가진 재능까지 남김없이 다 바쳤다 해도 남을 돕는다는 마음과 행동이 있지 않다면 실패나 다름없다. 결국 내 브랜드의 가치를 알아봐 준 사람은 내가 무언가를 주거나 도와준 사람들이기 때문이다. 론다 번의《더 파워》에서도 다음과 같이 말하고 있다.

"당신은 '주는'대로 '받는다' 당신이 살아가면서 무엇을 주든 그대로 돌려받는다. 당신이 무엇을 주든 끌어당김의 법칙에 따라 그것이 당신에게 그대로 끌려온다. '주는' 작용은 '받는' 반작용을 만들어 내며, 당신이 준 것과 똑같은 걸 그대로 돌려받는다.

당신이 살면서 무엇을 주었든 그것은 반드시 당신에게 돌아온다. 이는 우주의 물리학이며 수학이다."

내가 퍼스널 브랜딩으로 2년 만에 성공할 수 있었던 가장 큰 이유를 이야기해 보라고 한다면 분명 내가 먼저 사람들에게 많은 것들을 주었기 때문이다. 블로그 글을 쓰며 매일 나의 글을 나누는 것은 가장 기본적인 나눔이었다. 그냥 일상의 일기와 같은 글을 올렸던 것이 아닌 일상에서 느끼는 다양한 생각과 감정, 블로그의 성장기에 대한 글 등을 올렸다. 단순하게 기록하는 용도의 글, 예를 들어 새벽 기상이나 독서 인증, 단순한 필사 등과 같은 것은 적지 않았다. 그런 글은 타인에게 주는 글이 아닌 그저 나의 기록을 위한 용도의 글이기 때문이다.

블로그 글쓰기를 시작한 지 한 달 반 만에 나는 번뜩이는 아이디어가 떠올랐다. 글자를 넘어 사람과 사람이 만나 더 많은 도움을 줄 수 있는 무언가를 해야겠다고 말이다. 일종의 재능 이벤트였다.과거에 나는 학교에서 아이들과 점심시간마다 상담을 해왔기에 그 경험을 바탕으로 1:1 성인 인생 진로 상담이라는 재능 기부를 생각하게 되었다. 이웃 수가 200명조차 되지 않았지만 일일 방문자 수가 200명이 넘어가는 시점에서 나는 사람들에게 무료 상담을 시도해 보기로 했다. 그때 내가 올렸던 모집의 글은 대략 이러했다.

"저는 현재 대한민국 고등학교 12년 경력의 교사입니다. (올해는 육아 휴직 중입니다) 저는 1급 정교사 자격증을 가진 전문가입니다. 학생상담과 진학 상담이 많아 스스로 더 공부하고 연구하며 많은 학생을 더 옳은 길로 이끌어 왔고, 실제로 학교 울타리를 넘어서 진학 리더 교사로 추천되어 작년까지 활동해 왔습니다.

(중략) 누군가에게 도움이 될 수 있는 사람이 되고자 했던 제 삶의 모토가 저를 여기까지 이끌었습니다. 그래서 저의 꿈을 하나 또 펼치려고 합니다. 학생이 아닌 성인의 인생과 진로를 코칭 해보고 싶습니다. 예전부터 저는 자질을 갖추기 위해 항상 준비해 왔고, 지금도 갈고 닦고 있습니다."

위와 같은 모집 글을 쓰면서, 온라인상에서 나를 더 신뢰할 수 있도록 그동안 내가 이루어낸 업무의 업적들을 올렸다. 5명 상담을 한번 해보고자 시도했는데, 2일 신청 기간 3명이 신청해 주셨고 덕분에 나는 처음으로 내가 만나보지 못했던 사람들과 대화를 나누기 시작했다. 이후 나는 더 많은 사람에게 나눔을 줄 수 있는 것이 무엇일지 생각했고,

그것은 전자책과 모임이었다. 전자책은 이른 시일 내 많은 사람에게 내 생각을 전달할 수 있다는 큰 장점이 있다. 누군가가 쓴 전자책을 읽어보며 나도 이렇게 글을 써서 그 동안 내가 살아왔던 삶의 인사이트를 나눌 수 있겠다는 자신감이 들었다.

비정규직 흙수저에서 시작했던 나의 10년간의 경험이 분명 누군가에게 도움이 되리라 생각했다. 특히 경제와 재테크 부분에서 말이다. 공무원이었지만 나는 2017년 강남 근처에 있는 한강 변 아파트를 장만하였고, 최근엔 반포에 있는 최상급지 아파트를 갈아탄 사람이다. 어떤 투자를 절실히 또는 간절히 공부했던 것은 아니었다. 오히려 나는 단순하게 살려고 노력했다. 내 삶을 성실하고 정성스럽게 가꾸려 했고 언제나 지성인으로 앞장서서 살려고 했다.

생각해 보니 20살 때부터 나는 내가 원하는 어떤 목표가 있으면 그것을 매일매일 다짐하며 꼭 이루려고 했던 사람이다. 알고 보니 그것이 끌어당김의 법칙이었다. 내가 원하는 어떤 것을 늘 생각하고 상상하고 말하면서 내가 원하는 것들이 하나둘 내 앞에 찾아왔다.

물론 시간의 힘은 필요하다. 모든 것은 한순간에 이루어지는 것이 아니기 때문이다. 내가 20대 대학 시절 가장 많이 방황했던 시기 고대 그리스 철학자 에피테토스의 《어록》에 다음과 같은 글귀는 언제나 내 가슴안에 있다.

"어떠한 일도 갑자기 이루어지지 않는다. 한 알의 과일, 한 송이의 꽃도 그렇게 되지 않는다. 나무의 열매조차 금방 맺히지 않는데, 하물며 인생의 열매를 노력도 안 하고 조급하게 기다리는 것은 잘못된 것이다."

그리하여 나는 《방탄렌즈의 지혜》라는 전자책과 블로그 글쓰기 관련 전자책 등을 무료 배포하는 이벤트를 진행하기 시작했다. 2년 동안 모두 다 합쳐 1천 명이 넘게 받아 가셨다. 여기에서 멈추지 않았다. 나의 경험과 철학이 모두 묻어있는 《방탄렌즈의 지혜》 전자책으로 자기 계발 모임을 무료로 1년 반 넘게 진행했고 현재도 모임을 이어가고 있다.

첫해 5백 명이 넘는 사람들을 도와드렸다. 이후 온라인으로 다양한 줌 강의를 열면서 더 많은 사람을 줌 강의에 초대했다. 2년이 지나다 보니 어느덧 1천 명을 훌쩍 넘겼고, 오늘날은 약 1천5백 명이 조금 넘는 사람들을 도와주고 있다. 2025년 나의 목표는 1만 명 넘는 사람들을 온·오프라인으로 만나 나눔을 하는 시간을 가지려고 한다.

오프라인 무료 모임도 여러 가지를 진행하고 싶어 오늘날까지 진행하고 있는 확언 선언 모임도 오프라인으로 가지기도 했다. 각자의 꿈을 이야기 하면서 서로의 꿈을 응원해주는 느낌과 에너지가 좋아서 또 다른 모임들을 만들어 보기로했다. 물론 모두 나눔의 모임들이었다. 연애살롱 북토크 모임에서부터, 카페 탐방하며 독서모임을 하는 것,

저자를 초대하여 북토크 살롱을 여는 것등 많은 사람들을 만나며 선물과 같은 시간을 함께 나누고 싶었다. 내가 가지고 있는 시간을 누군가에게 내어줌으로 인하여 다른 이에게 나의 에너지를 주고싶었다.

이 세상에서 가장 중요한 나눔은 결국 내가 가진 사랑을 다른 사람들과 나누는 것이다. 사랑의 법칙이 곧 끌어당김의 법칙이다. 사랑의 힘에는 불가능이란 없다. 내가 어떤 사람이든 어떤 상황에 놓여 있든 사랑의 힘이 우주에서 가장 커다란 힘이다. 블로그 글쓰기와 전자책이 아닌 종이책을 써 내려가는 지금, 나는 더 많은 사람에게 사랑을 주는 마음으로 쓰고 있다.

세종대왕이 오늘날 세계적으로 가장 위대한 '한글'을 창조할 수 있었던 것도 백성들을 지극히 아끼고 사랑했기 때문이다. 유교와 사대부 지식인들의 격렬한 반대를 무릅쓰면서 말이다. 꼭 블로그 글이 아니더라도 지금 내 주변 사람들에게 작은 사랑을 먼저 주고 나누어보자. 그것이 돌고 돌아 나에게 다시 돌아올 것이다. 단, 어떤 것에 대한 대가나 기대치는 바라지 말고 주는 즉시 내가 준 것은 잊어버려야 한다. 선행 중에도 대가나 보답을 바라지 않고 살다 보면 언제가 그것이 나에게 다시 돌아올 때가 있다. 나는 지금 브랜딩을 통해 대가를 바라지 않았던 선행의 힘을 경험하는 중이다.

✦

생각의 힘을
키워야 한다

여러분 눈앞에 보이는 주변을 한번 둘러보길 바란다. 무엇이 보이는가? 주변에 많은 사물, 물체들이 보일 것이다. 여러분은 이 책을 읽으며 어느 공간에 있을 것이고, 어느 의자에 앉아 스탠드 또는 전등 불빛 아래에서 책을 읽고 있을 것이다. 의자, 책상, 침대, 콘크리트 벽, 식탁, 스마트 폰, 내가 살고 있는 집, 책장, 지금 내가 입고 있는 옷 등, 우리 주변에 보이는 모든 물질은 어느 누군가의 생각하는 힘이 행동 에너지로 변화되어 실제 현실에서 물질로 창조되어 나타난 것들이다.

존 아사라프의 《부의 해답》에서는 생각하는 힘의 중요성에 대해 다음과 같이 말한다.

"어떤 사람이 하는 생각이 충분히 강하고 분명하기만 하면 물리적인 현실 세계에서 어떤일들을 일어나게 할 수 있다. 선명하며 확고한 단 하나의 생각이 제국 전체를 무너뜨릴 수도 있다. 이것을 간디가 보여주었다. 마찬가지로 당신이 선명하고 확고한 생각들을 가지고 있으면 당신은 소망하던 일을 이룰 수 있다."

인도의 독립운동가인 간디의 생각하는 힘은 비폭력주의와 불복종의 원리였다. 그의 비폭력주의는 국제적으로 큰 반항을 일으켰으며, 영국 식민지 지배를 받았던 인도의 독립을 이루는 데 큰 영향을 끼쳤다. 에디슨이 백열전구를 발명하고, 스티브 잡스가 스마트폰을 창조해 낸 것도 마찬가지다. 그들의 강렬하고 선명한 생각의 힘은 주변 사람들의 극심한 반대나 질타, 포기 등의 에너지보다 더 강렬했기에 생각의 결과물이 실제 현실에 나타나게 된 것이다.

머릿 속 생각이 실제 현실에 나타나기까지의 힘은 어떤 것일까? 힘들거나 부침이 있는 순간에도 쉽게 포기하지 않고 묵묵히 실행으로 나아가는 에너지가 결국 생각의 힘이다. 자기가 가지고 있는 신념을 끝까지 밀고 나아가는 힘이 전부다. 아무리 좋은 아이디어와 멋진 브랜드 상품이 있다고 해도 그것을 세상에 널리 알리는 길은 또 다른 영역이다. 대부분은 매우 빨리, 쉽게 포기한다. 인간의 뇌는 목표라는 추상적인 개념을 강렬하게 붙들고 있을 수 없기 때문이다.

가장 표면에 있는 의식적인 생각의 뇌는 오래 지속되지 않는다. 인간은 보통 추상적인 미래보다 현재에 집중하게 되어있다. 원래 뇌는 걷고, 달리거나 먹이를 잡아먹고, 짝을 찾아 번식하는 일을 하기 위한 기관일 뿐이다. 현대 사회에 필요로 하는 미래를 위한 계획 투자나 노력같은 것을 잘하기 위해 만들어진 기관이 아니다. 그렇기에 반복적으로 뇌를 훈련해야 한다. 의식적인 뇌가 목표를 이야기 하는 선장과 같은 역할이라면 무의식적인 뇌는 꾸준히 저절로 행동 할 수 있도록 도와준다. 여러분이 최종적으로 그려낸 브랜드의 모습에 다다를 때 까지 반복적으로 하루에 한번 목표를 상기 시키는 시간을 가져라.

행동으로 나아가는 길 중에는 사람들에게 인정받지 못하는 순간이 올 것이다. 그러나 나 자신이 그 길을 진정으로 사랑하고 후회가 없다면 시간의 힘은 결국 여러분의 편이 된다. 과거에서부터 그림 그려왔던 브랜드의 길이 열리는 지점은 반드시 온다. 실행한 후 실패를 계속 마주하여 넘어진다 해도 툭툭털고 다시한번 일어서서 나아가는 행동의 힘도 머릿속으로 생각할 수 있어야 한다. 실패는 많으면 많을수록 좋다. 그러니 더 많은 실패를 하여 실패하는 것 자체에 대한 두려움의 칼날을 무뎌지게 만들길 바란다. 실패의 흔적은 다음 번 실행에 있어 실패할 확률을 줄일 수 있기 때문이다. 무엇보다 자신이 구축하고자 하는 진짜 나만의 브랜딩이 무엇인지 또렷하게 알 수 있다.

내가 원하는 브랜드의 모습이 세상밖으로 드러나기까지는 반복적인 실행과 시간의 힘이 필요하다. 그러니 부디 포기하지 말고 자기 자신을 믿고 나아가자. 생각의 힘의 시작은 자기자신이 결국 해낼 것이라는 믿음의 씨앗이 전부다.

윌리엄 사이먼의 《iCon 스티브 잡스》라는 책에서는 그의 생각하는 힘이 얼마나 강렬했는지를 다음과 같이 얘기하고 있다.

"애플에 합류하고 나서 나는 최초 100일 동안 7만 대, 그리고 첫해에 50만 대의 맥을 팔겠다는 허황된 계획을 들었다. 미친 소리라고 생각했다. 하지만 그 역시도 스티브 잡스의 화술에 미혹되었다. 몇 달 만에 나도 같은 얘기를 하고 다녔다. 그리고 그 얘길 믿었다. 잡스는 우리 모두를 대단한 영향력으로 붙들었다. 우리는 그가 하는 말이 합리적으로 생각하면 불가능하다는 걸 알고 있었다. 하지만 우리도 그 일이 실현되기를 몹시 바라게 되었고, 결국은 실현되리라고 믿게 되었다."

이것을 꼭 기억하자. 생각하는 힘은 다른 사람에게까지 전달되어 공명하는 힘이 있다. 생각이 내 주변 환경에 반응하여 공명하며, 메아리가 되어 다시 현실로 돌아온 것이다. 이것을 동양의 불교 사상에서는 '카르마'라고 이야기하며, 서양에서는 '황금률'이라고 말한다. (남이 너희에게 해 주기를 바라는 그대로 너희도 남에게 해 주라는 마태복음의 이야기에서 시작된다) 여러분이 시작하는 퍼스널 브랜딩도 마찬가지다. 내가 어떤 퍼스널 브랜드로 성장하게 될 것인지에 대한 씨앗의 선명함과 강력함이 필요하다. 여러분이 생각한 브랜딩 씨앗 하나가 커다란 나무로 성장하는 모습을 상상하자.

　블로그를 시작하기 전 교사의 삶을 살아오면서 나의 모토는 언제나 '누군가에게 도움이 될 수 있는 사람'이었다. 한때 성인 진로 코치로서의 일을 해보고 싶다는 생각이 막연하게 있었는데 그 덕분에 실행이 이루어진 듯하다. 상담을 진행하면서 이 일이 나에게 참 의미 있고 행복하다는 생각이 들었다. 무엇보다도 상담받은 분들의 후기 내용을 읽고, 나는 대한민국에서 누군가를 일으켜주고 싶은 사람이 되고 싶었다.

　진로 상담 이후 블로그와 확언에 내가 원하는 것들을 하나둘 쓰기 시작했고 실제로 원하는 모든 것들이 하나둘 현실로 이루어졌다. 2년 사이에 생각보다 많은 것들이 빠르게 이루어졌다. 나의 생각하는 힘이 그 누구보다 강렬했기 때문인 듯싶다. 나는 끊임없이 내가 원하는 것만을 생각했다. 원치 않는 생각들은 내 머릿속에서 계속 지우고 비워 나갔다. 오로지 원하는 것들을 틈틈이 상상의 나래를 펼치며 생각했다. 가족의 반대를 무릅쓰고 나아가야 하는 상황이라 처음부터 쉽지는 않았다.

　"블로그 글 쓰는 게 돈도 안 되고, 시간과 에너지를 잡아먹는 일인데 왜 하는 거예요?"

중간중간 좌절과 역경의 시기들이 찾아왔다. 눈앞에 보이는 현실이 때때로 나에게 결핍과 초라함으로 비치는 시기가 오기도 했다. 그런데도 내가 원하는 것들의 생각이 행동의 에너지로 변환되어 끊임없이 현실로 이루어질 수 있도록 움직였다. 나의 목표를 강렬하게 붙들어 두면서, 나는 나를 알아가는 공부도 병행하기 시작했다. 내가 무엇을 좋아하고 무엇을 원하는지, 어떤 삶을 살고 싶은지, 왜 나는 현재 이러한 삶을 살고 있는지 등 약 1년 가까이 나를 알아가는 시간을 보내왔다. 내 생각을 현실로 이루기 위해 아침마다 잠재의식의 여러 책을 읽어가며 확언을 적었다. 이는 여전히 하루에 한 번씩 오늘도 하고 있다. 혼자 확언을 하기보다 함께 하는 것이 더 좋다고 판단되어 확언 모임을 작게 만들기 시작했다. 어떻게 확언을 이루는지 몰라 잠재의식과 관련된 모든 책을 섭렵하기 시작했고 사람들에게 내가 알게 된 것들을 조금씩 나누어 주었다. 그 확언 모임은 2년 넘게 오늘날까지 기수별로 진행되고 있다. 확언과 선언을 공부하며 론다 번의 《시크릿》을 3년 동안 반복해서 읽었다. 내 생각을 현실로 이루려면 어떻게 해야 하는지 계속 생각하고, 말로 이야기했고, 이를 행동으로 옮겼다.

실제로 나의 모임을 통해 L 님은 갑상선암 완치로 극복해 나가셨고, B 님은 공황 장애를 극복해 나가시는 등 각자 자신의 어려움과 역경을 이겨내셨다. 2023년 나의 목표는 나만의 아지트를 만들어 세상의 다양한 사람들을 공간에 초대하는 것이었다. 실제로 나는 나의 공간에 많은 사람들을 초대하였고, 유료 재능 기부 모임을 아낌없이 여전히 하고 있다. 2024년 3월 나의 목표는 퇴사하여 나의 업을 이어나가는 것이 꿈이었다. 실제로 이 꿈을 이루었고 진짜로 내가 좋아하는 일을 통해 제2의 인생을 살아가고 있다.

내가 이렇게 생각할 수 있는 힘은 왜 내가 이것을 하려는 지에 대한 왜(Why)의 분명함이 있었고, 그 이후 어떻게(How) 이것을 이루어내는지에 대한 방법을 끊임없이 생각했기 때문이다. 이후의 어떤 방법이 떠올라지면 당신은 즉시 실행으로 옮기길 바란다. 그 실행이 나의 꿈을 한 발짝 더 다가가게 해줄 수 있는 발돋움이 될 수 있으니. 실패를 두려워하지 말자. 실패는 실행하고 도전해 본 사람만이 얻을 수 있는 선물임을 잊지 않길 바란다.

최근 부자의 돈그릇 스터디를 진행하면서 새로운 꿈이 또 하나 생겼다. 팀페리스의 책인 《마흔이 되기전에》라는 책을 한국 타이탄의 버전으로 만들어 전자책을 만들어 팀페리스에게 헌정하고 싶다는 것이다. 이러한 생각을 하다 보니 나는 팀페리스와 실제로 연결이 되었다. 그의 다음번 신작인 《NO BOOK》이라는 책을 피드백할 수 있는 알파리더 커뮤니티에 초대되었고 활동할 기회를 얻게 되었다. 내가 알고 있는 전세계 베스트셀러 작가와 친구가 된다는 생각의 신념에 뿌리가 뻗어나가 글 전시회를 시도하게 된 것이 아닐까?

그러니 하루에 한 번 나의 꿈과 원하는 것을 반복적으로 글로 적고 말하자. 그것이 생각의 힘을 키우는 작은 습관이다. 보이지 않는 생각의 근력은 점점 커져 어느 날 보이는 현실로 나타나게 될 테니.

생각의 힘의 시작은
자기자신이
결국 해낼 것이 라는

믿음의 씨앗이 전부다.

나에 대한
강한 확신

블로그 글을 꾸준히 쓴다는 것은 쉬우면서도 어려운 일이다. 내가 쓴 글이 생각보다 반응이 없을 때도 있고, 어떤 이벤트를 실행했는데 아무도 신청하지 않는 경우 같은 김빠지는 일들도 자주 생기기 때문이다. 지금의 나는 과거의 내가 선택한 결과의 합이다. 좋았던 순간들도 많았지만, 늘 좋은 것만은 아니었다. 오히려 매 순간 쉽지 않았고, 매번 실험이었던 순간이 더 많았다. 그만큼 상처도 받았고, 글을 통해 무언가 실패를 접했을 때 처참했던 경험도 더러 있었다.

그러나 나는 언제나 '그럼에도 불구하고' 다시 시도 했다는 것이다. 글을 쓰며 나의 감정을 많이 투영하기엔 내가 무너져 내릴 것만 같아 감정을 최대한 배제했다. 퍼스널 브랜딩을 위한 블로그 글쓰기를 할 때는 나에 대한 강한 확신이 필요하다. 글을 쓰는 것은 감성도 중요하지만, 흔들리는 멘탈을 다잡기 위해선 때론 이성이 필요할 때가 있다.

퍼스널 브랜딩으로 성장하기 위한 블로그 글쓰기를 하다 보면 죽음의 계곡이라는 '데스 밸리'의 기간을 만나게 된다. 데스밸리란 경제 용어로 창업한 기업이 3년쯤 지나게 되면 자금난에 빠지게 되는 현상이다. 퍼스널 브랜딩의 성장도 창업이나 사업과 일맥상통한다. 처음에는 일정 수준 올라가는 것처럼 보여 지지만 이후엔 자금난이나 경영난에 빠지면서 망하기 좋은 구간들이 생긴다.

블로그의 성장과 지속은 이르게는 3~6개월에서 최소 2년을 바라보아야 한다. 어느정도 일정한 임계치를 끌어올리는 순간이 필요하다. 나도 마찬가지고 여러분도 죽음의 계곡인 데스밸리를 피할 수 없다. 이럴 때 부정적인 감정이나 자기 자신에 대한 확신이 부족하면 일희일비하여 글쓰기를 그만두게 된다.

대부분 죽음의 계속에서 많이 포기한다. 블로그 자체를 단순하게 사업이나 브랜딩의 측면으로 바라보는 것이 아닌, 어쩌면 작은 기록의 메모장과 같은 것으로 생각하여 발생하는 일일지도 모르겠다. 일희일비하는 마음이거나 포기하고 싶은 마음이 들때는 이렇게 하자. 잘못된 부분들이 눈에 보인다면 고치고 수정하면 된다.

블로그 글쓰기를 통해 나만의 브랜드를 구축하고 변화를 꿈꾼다면 내가 현재 가지고 있는 믿음부터 바꾸어 나갈 필요가 있다. 퍼스널 브랜딩으로 성공할 수 있겠다고 가지는 믿음은 어디에서부터 오는 걸까? 그것은 자신에 대한 강력한 확신에서 온다. 강력한 자기 확신은 자신을 긍정적으로 돌아보는 시간을 많이 경험해야 한다. 자기 자신의 하루를 돌아보자. 나는 자신에 대해서 부족한 말을 더 많이 하는지, 또는 나 자신을 긍정적으로 믿으며 나아가고 있는지를. 내가 결국 잘되리라는 것은 나에 대한 믿음 안에 있다. 지금 블로그 글을 쓰며 현재 내가 가지고 있는 믿음이 무엇인지 스스로에게 한번 물어보길 바란다. 그리고 당신의 삶을 한번 바라보며 자신이 그동안 쓴 글을 하나하나 읽어보자.

당신은 어떤 믿음을 가지고 있는가? 나의 블로그를 변화시키고 성장해 나가는 주체는 바로 나 자신이다. 블로그 글쓰기를 통해 브랜딩이 되어가는 것은 자신의 글을 쓰는 덕분일 거다.

효과적으로 나에 대한 강한 자기 확신을 가지려면 언제나 긍정적이고 낙관적인 자세와 태도를 잃지 않는 것이 중요하다. 블로그에 글을 쓰다 보면 부정적인 것들과 실패할 것들로 초점을 맞추면서 원하지 않는 것에 초점을 맞출 때가 있다. 나 역시 2년 동안 글을 쓰면서 불안한 마음과 두려운 마음이 있었지만 결국엔 해낼 것이라는 나에 대한 강한 믿음이 있었다. 지금 당장 눈앞에는 보이지 않지만, 앞으로 내가 점점 성장하게 될 것이라는 자기 능력에 대한 새로운 믿음의 나무를 매일 심었다. 당신은 이상적으로 되고 싶은 퍼스널 브랜딩 블로거로서의 어떤 이미지나 이상적인 모델이 있을 것이다. 모델이 될 수 있다는 강한 확신의 씨앗을 심어 넣기 위해 나 스스로에게 되고 싶은 모습을 이야기하자.

최근 I 님이 부자의 돈그릇 모임에 오셨었다. 음식점을 운영하는 사장님이신데 자기 자신에 대한 믿음과 확신이 많이 사라지고 무기력함이 계속 잔존해 있다고 했다. 원인을 파악하고 조사해 보니 자기 스스로 식당의 매출을 올리는 데에 한계가 있다고 느끼고 있음을 발견했다. 그때 내가 드렸던 솔루션은 단 하나다. 자기를 가로막고 있는 언어와 부정적인 것을 알아차리고 나는 해낼 수 있다는 자기 확신을 가지시라고 했다. 이는 곧바로 마음먹기에따라 달라질 것이라고 덧붙여 말씀을 드렸다. 1주일 만에 I 님은 급격하게 좋아지셨다. I 님은 원하는 것을 더욱 선명하게 찾아내고 문제를 조금씩 해결해 나가셨다. 답답한 부분의 문제가 사라질수록 긍정적인 믿음과 함께 강한 자기 확신이 생기기 시작했다.

강한 자기 확신은 자기 스스로가 사랑받고 있음을 느낄 때라 했다. 나의 글을 읽어주는 진정한 팬 한 명에게 인정을 받거나 사랑을 받는 나 자신을 생각해 보자. 하루에 평균 300명 전후로 나의 글을 읽어주는 분들 중에 나를 진심으로 지지해 주고 응원해 주는 팬 한 명을 생각해 보자. 때로는 그 한 사람을 위하여 글을 나눔하고 그 사람을 위한 글을 써보자. 그렇게 꾸준히 글을 써 내려가다 보면 나의 글을 진정성 있게 읽어주는 사람은 한 명이 아닌 여러 사람의 이야기들로 가득해진다.

　초반에 블로그 브랜딩으로 전자책까지 멋지게 성공했으나 1년, 2년 이 지난 뒤 사라지는 사람들이 있다. 결국엔 자신이 이 길을 끝까지 걸 어갈 수 있는가에 대한 고민이 생겼을 것이다. 직장을 다니면서 블로 그 글쓰기를 하는 사람들은 퍼스널 브랜딩 블로거 성공에 대한 확률이 현저히 낮다. 그리고 부정적인 생각이 많을 때도 있다. 월급만큼 돈을 계속 벌 수 없으리라는 자기만의 생각과 고정관념이 있기 때문이다. 이럴 때 내가 추천해 주고 싶은 것이 있다면 브랜딩 블로거로 성공해 서 돈을 번다는 것에만 초점을 맞추지 않았으면 한다. 돈이나 수익화 는 나중에 생각할 문제다. 가장 뒤에 따라오는것이 돈이다. 일단 글을 쌓아 누군가에게 나의 글을 보고 깊은 감동이 일어날 수 있는 글들을 더 많이 나누도록 하자. 끊임없이 누군가에게 중요한 자료나 인사이트 등을 주는 연습을 계속해 보자. 누군가는 당신이 준 자료와 글, 어떤 행 위 등을 통해 많은 감동을 한다. 그렇게 주면서 한 명 한 명 당신에게 고맙다는 이야기들을 자주 전해 듣다 보면 분명 나라는 사람은 해낼 수 있다는 강한 긍정의 확신도 많이 올라올 것이다.

대인관계의
기술을 배워라

누군가가 나에게 퍼스널 브랜딩을 위한 단 한 가지 책만을 읽어야 한다고 말한다면 나는 데일 카네기의 《인간관계론》이란 책을 주저없이 추천하고 싶다. 퍼스널 브랜딩에서 오랫동안 생존하기 위해 가장 중요한 역량은 대인관계 기술이다. 나라는 브랜드를 오래오래 사랑해주는 존재는 결국 사람이다. 브랜딩의 핵심은 '사람'을 잘 알아야 하고, 사람과의 관계를 잘 이해하는 사람일수록 퍼스널 브랜딩의 구축이 안정적으로 이루어질 수 있다.

오늘날 내가 퍼스널 브랜딩으로 인정받을 수 있던 가장 중요한 요인은 바로 사람과의 관계 덕분이 99% 이상이라고 말하고 싶다. 《인간관계론》에 따르면 90% 이상은 인간관계에 관련된 능력인 사람의 성격이

나 다른 사람을 이끄는 능력이 성공 요인에서 중요하다고 했다. 금전적 요인은 15% 정도밖에 기여하지 않는다. 어느 분야에서 뛰어난 지식을 가지고 있는 사람이라고 해서 많은 돈을 벌거나 최고의 소득을 올리는 것은 아니라는 거다. 지식이 뛰어나거나 전문적인 사람들은 주당 20달러에서 50달러만 지불하면 고용할 수 있다. 나는 내가 아는 지식에 전문성을 더하여 내 생각을 거부감 없이 타인에게 잘 표현하고 설득하는 것들이 가장 중요하다고 생각한다. 리더가 되어 따뜻하게 사람들을 포용하며 리드하는 능력, 열정과 긍정의 에너지를 전달하는 능력 등, 타인을 성장할 수 있게하고 움직일 수 있게 하는 원동력 등, 이 모든 것은 사람을 잘 알고 이해해야 얻을 수 있는 기술이다.

대인관계 기술은 비단 퍼스널 브랜딩에서만 중요한 것이 아니다. 내 주변의 가장 소중한 가족부터 경비 아저씨, 청소 아주머니, 택배 기사님. 직장 동료, 친구, 심지어 길을 지나가다 마주치는 외국인들까지도 허용되는 기술이다. 누군가와 눈이 마주치면 환하게 미소 지으며 인사하는 작은 행동부터 시작하자. 어느 곳에 있던지 친절과 감사하는 태도를 보여주자. 짧은 찰나의 과정에서 상대는 잊지 못할 순간이 될 수도 있기 때문이다. 순간의 최선을 다했다면 어느 날 그 관계는 소중한 인연으로 다시 돌아올 것이다.

내가 생각하는 대인관계의 기술 열 가지는 다음과 같다.

첫째, 늘 환한 웃음으로 맞이하기

둘째, 상대방의 이야기에 온몸으로 경청하기

셋째, 내가 만난 사람들을 돋보이게 만들어 주기

넷째, 주변 사람들을 더 잘 될 수 있게 도와주기

다섯째, 상대의 강점은 부각하고 약점은 가려주기

여섯째, 부드럽고 따뜻한 카리스마로 상대방을 포용해 주기

일곱째, 상대방을 존중한다는 마음을 표현하기

여덟째, 먼저 손을 내밀어 주는 사람이 되기

아홉째, 상대방이 가진 가치들을 인정해 주기

열 번째, 내가 타인에게 받고 싶은 대접을 상대방에게 그대로 해주기

퍼스널 브랜딩을 장기적으로 구축하는 과정엔 온라인 글쓰기만의 만남이 존재하는 것이 아니다. 온라인 강의를 통해 만날 수도 있고, 전화로 1:1 상담을 하며 대화를 나눌 수도 있고, 직접적으로 만날 수 있는 기회도 생긴다. 자기만의 전문성을 가진 커뮤니티와 스터디 주최, 온라인 단톡방에서의 활동, 이벤트, 행사 등을 기획, 1:1 대면 컨설팅 등을 수행하는 과정이 필요하게 된다. 퍼스널 브랜딩이 온라인상에서 멋지게 구축되었다 해도, 직접 만나는 과정에서 고객이나 팬들은 당신이 어떻게 타인들을 대하는지 다시 한번 관찰할 것이다. 보다 가까이에서 당신의 행동과 모습을 보며 사람들은 평생팬이 될지 말지를 결정

하게 된다. 그렇기에 사소한 관심과 배려하는 마음을 늘 갖고 있어야
한다.

✦

　2023년 초, 블로그를 통해 《무작정 퇴사하지 않겠습니다》라는 책의
저자인 김경진 작가님을 알게 되었다. 당시 내가 책을 읽을 때 직장에
대한 퇴사가 올라오기 시작했고, 퇴사를 고민하는 분들도 이 책을 읽
었으면 하는 바람이 있었다. 그리하여 작가님을 찾아 뵈었다. 처음 만
났는데도 시간이 가는 줄 모르고 폭풍 같은 대화를 나누었다. 대화의
주제는 아들 둘의 자기계발과 글쓰기를 좋아하는 엄마, 창조성을 느끼
는 새벽 야생의 시간등이었다. 어느덧 아이를 픽업해야 할 시간이 찾
아와 정작 내가 원하는 이야기를 하지 못하고 헤어졌기에 아쉬움이 남
기도 했다. 이후 두 번째 만남에서 용기 있게 저자와의 북토크 살롱을
기획하고 싶다고 말씀드렸다. 전부 무료로 진행되는 기획이지만 김경
진 작가님께서는 흔쾌히 허락해 주셨고 오히려 더 기뻐해 주셨다. 아
마 작가님의 책을 알리고 싶은 나의 마음이 오롯이 전달되었으리라 생
각된다.
　장소 선정도 이미 내 마음속에 정해져 있었다. 공간을 통해 자기의
정체성을 그려 나가시는 블로거 소셜다락 님이다. 많은 사람에게 그녀

를 소개해 주고 알리고 싶어 올해 특강도 기획하고 주최했다. (사당역 근처에서 '소셜 다락'과 '소셜 서재'를 운영하고 계시는데 시간이 허락된다면 꼭 한번 가보길 바란다) 두 부부가 운영하는 공간을 북토크 살롱을 통해 찾아오시는 분들께 공간으로 통해 힐링할 수 있는 시간을 드리고 싶은 마음이 컸다. 당일 북토크 살롱을 실행했던 아침, 나의 마음은 아래와 같았다.

"매일 똑같이 돌아가는 일상에서 두 번 다시 돌아오지 않을 오늘 단 하루, 함께 보내는 이들에게 선물과 같은 경험을 주고 싶다."

위에서 내가 생각했던 대인관계의 기술은 내가 생각했던 열 가지 기술을 모두 다 적용한 것들이었다. 종이책으로 적다 보니 10개의 기술을 서술했지만 그때는 딱히 어떤 기술이나 스킬을 의도한 것은 아니었다. 그저 내 마음이 가는 대로 먼저 손을 내밀어서 모임을 기획했고 사람들을 불러 모았다. 저자의 생각은 물론이지만, 다른 사람의 이야기와 생각을 들어보며 집에 돌아가는 길에 자신의 삶과 인생을 다시 한번 재정비해 보는 시간을 주고 싶었던 마음이 가장 컸다. 내가 알고 있는 세계 이외에도 더 넓은 세상의 지평선을 넓혀 보는 시간을 가져보고 싶었다.

생각보다 큰 호응을 얻었다. 나를 포함하여 총 10명이 함께한 자리였는데, 주제는 퇴사와 관련된 내용이었다. 책을 읽어보니, 저자와의 북토크 살롱을 주최하면서 한순간 빛나는 브랜드가 아닌 오랫동안 사랑받는 브랜드는 언제나 고객과 소통을 놓지 않았다는 것을 깨달았다.

　일시적으로 반짝 빛나는 연예인이 아닌 오랫동안 사랑받는 연예인과 브랜드를 살펴보자. 그들의 주변은 늘 사람들이 곁에 머무르고 있을 것이다. 그들이 유명해졌기 때문에 사람들이 주변에 모여든 것이 아니라 늘 자신의 곁에서 응원을 해주고 도와주는 사람들이 있었기에 가능한 것이다. 퍼스널 브랜딩도 마찬가지다. 나를 응원하고 도와주는 사람들이 곁에 오랫동안 머물러야 한다. 제아무리 실력과 운을 겸비한 사람이라 할지라도 혼자서는 브랜딩에 성공할 수 없다. 퍼스널 브랜딩 정상에 서고 싶다면 돈보다 먼저 사람의 그릇을 채워야 한다. 그 그릇은 인간관계의 기술을 잘 터득해야 하는 것이다.

리더의 역량은
필수다

J 님은 23년 9월 말 용산에 나만의 아지트를 열고 첫 오프라인 스터디를 모집했을 당시 와주었던 분이다. J 님은 자신이 좋아하는 일과 잘하는 일이 무엇일지 아직 잘 모른다고 했고 동시에 꿈을 꾸는 사람이 되고 싶다고 했다. 지난 4년 동안 퇴사나 새로운 도전을 하고 싶었지만, 막연한 두려움이 생겨 선뜻 용기 있게 나아가지 못했다고 말했다. 그녀에게 있어 가장 큰 고민은 성인 진로였다. 진로에 대한 고민의 끝을 내보고자 2023년 연말에 찾아온 J 님께 내가 했던 여러 답변 중 그녀가 가장 기억에 남는 답변은 다음과 같았다고 했다.

"리더가 되어 보세요."

현재 그녀는 1년간 부자의 돈그릇 스터디를 하면서 블로그를 통해 자신만의 브랜드도 함께 쌓아가고 있다. 진로에 대한 고민을 일반적인 루트로는 끝낼 수 없다고 했고, 자기만의 길을 가기로 결심하셨다. 이와 관련된 여정의 진심 어린 글을 그녀는 매일 자신의 플랫폼에 적어가고 있다. J 님은 23년 연말부터 1년간 100명의 새로운 사람들을 만나 100만 원을 기부해 보겠다는 목표를 세우고 작은 발걸음을 시작했다. 두려움이 있었지만, 용기 있게 독서 모임의 리더가 되어보기로 결심한 것이다.

그리하여 온라인을 통해 100명의 사람을 만나 100만 원을 기부하며 사람들을 만나기로 한 것이다. 세상 사람 100명과 만나 대화를 하다 보면 자기 생각과 시야가 넓어지리라는 가설을 스스로 세웠다. 진로에 대한 고민을 어느 정도 해결할 수 있는 지혜를 얻을 수 있지 않을까 하는 그녀만의 실험이 시작된 것이다. 실제로 J 님은 흔들림과 두려움, 무기력이 공존하다가도 다시 툭툭 털고 일어나 계속 실천하는 중이다. 처음 적었던 목표가 과연 이루어질까에 대한 고민은 어느덧 실행하다 보니 코앞에 다가오고 있다.

J 님은 온라인을 통해 오프라인 독서 모임을 모집하였다. 사람들과 직접 만나 대화를 하다 보니 온라인 글쓰기 모임을 열어보고 싶으셨다고 했고 실제로 온라인 3문장 글쓰기 모임을 만드셨다. 사람들과 글쓰기 모임을 열다 보니 좋아하는 것과 잘하는 것, 시대의 트렌드와 콘셉을 저절로 생각하게 되고 떠오르게 되셨단다. 그러던 중 2024년 4월

'스테레오'에서 J 님께 이메일로 연락이 왔다고 했다. '읽고 쓰고 만드는 힘'이라는 주제로 책과 관련된 콘텐츠 활동을 해 보지 않겠냐는 제안이 온 것이다. 그렇게 J 님은 24년 5월부터 '꾸밍 노트'라는 콘텐츠를 만들어 나를 찾아가는 글쓰기 모임을 만들었고, 최근 두 번째 글쓰기 모임을 이어가는 중이다. 매번 똑같은 모임의 콘셉을 만드는 것이 아닌 새로운 콘텐츠로 모임을 준비하고 있는 그녀다. 6개월 정도 독서와 글쓰기 모임의 리더 활동을 하며 그녀가 느꼈던 그녀의 이야기들이 인상적이었다.

"저는 독서로 사람과 사람이 연결되어 대화를 나누고 질문하는 것을 좋아하며, 제가 생각보다 잘한다는 것을 알게 되었어요. 저는 스스로를 한정 짓고 한계를 그으며 살아왔더라고요. 누구나 원한다면 할 수 있는 것이었어요. 마지막으로 직접 몸으로 부딪치고 해봐야만 알 수 있더라고요. 2023년 11월에 시작하여 독서 모임의 리더만 1년간 하기로 했거든요? 근데 지금 제가 온라인 글쓰기 모임을 열어 리더가 될 수 있다는 생각은 해본 적도 없었어요. 독서 모임의 리더가 되어보니 해볼 수 있던 기회였어요. 저는 점점 더 도전하는 것을 예전보다 즐기는 거 같아요. 1년이 되었을 때쯤 제가 원하는 모습이 있어요. 1년 동안 독서 모임 리더을 꾸준히 하여 무엇이든지 할 수 있는 '나' 자신을 만드는 것이에요.

저는 늘 두려움이 있었어요. '나도 하고 싶지만 할 수 없어. 저 사람

은 대단한 사람이니까 할 수 있는 거고, 나는 그렇지 않은 사람이잖아.'
늘 스스로 제 자신의 감옥을 만든 거였어요. 이제는 가치입증을 하고
싶어요. 할 수 있는 나라는 걸 나 자신과 사람들에게 보여줄 수 있는 내
가 되고 싶어요.

아직까지 진로에 대한 고민은 끝내지 못했지만, 처음 시작 때보다
점점 분명해지고 선명해지는 것이 생겼답니다. 저처럼 고민하는 사람
들을 꼭 도와주고 싶다는 거예요."

2024년 11월, J 님은 현재 100명이 넘는 사람을 만나 75만 원을 기
부했다. 오늘날 그녀가 독서, 글쓰기 모임으로 브랜딩을 쌓을 수 있던
것은 단 하나다. 리더가 되면서 구성원들과 함께 성장해 왔기 때문이
다. 어떤 분야에서 하나의 전문가가 되어가는 과정에서 리더의 역량은
필수다. 소비자나 구독자는 당신의 콘텐츠를 보고 그들도 그렇게 행동
하고 싶다는 마음이 암묵적으로 존재하기 때문이다. 나 역시 마찬가지
다. 내가 2년 만에 빠르게 퍼스널 브랜딩이 구축될 수 있던 이유도 자
기계발 모임의 리더가 되어 계속 사람들에게 내가 알게 된 지식과 인
사이트를 알려주고 함께 성장했기 때문이다. 대표적으로 2022년부터
시작된 확언 선언 모임이었고, 방탄렌즈 전자책을 만들어 자기계발 모
임의 리더가 되어 계속 사람들과 함께 성장을 한 것이다.

현재 내가 추구하는 퍼스널 브랜딩 모임의 특징은 나 혼자만 리더

로 성장하는 것이 아니라 스터디 모임에 계신 분들도 리더로 성장하게 하는 것이다. 다른 콘텐츠나 스터디와 달리 추종자를 끌어모아 구독만 하게 하는 것이 아닌, 더 많은 리더를 육성한다는 마음으로 모임을 이끌어 가고 있다. 그러다 보니 나의 모임은 부자의 돈그릇 모임을 하는 와중에도 각자마다 자기만의 콘텐츠 영역에서 리더 역할을 하거나 다른 사람들 앞에서 강연 또는 가르쳐보는 것을 적극적으로 권장하고 있다.

리더의 종류도 여러 가지가 있다. 강의로 전체의 시간을 할애할 수도 있고 때론 경청하는 사람의 입장에서 고민이 있는 사람들의 문제를 더 많이 들어줄 수도 있다. 내가 모임을 운영하는 경우는 일방적인 강의의 전달 방식보다는 경청을 더 많이 할 때가 있다. 남들에게 가르쳐보는 것이 가장 빨리 성장하고 실력도 늘어난다. 오늘부터 여러분도 작게 리더가 한번 되어보자. 내가 알고 있는 것을 또는 함께 성장하고 싶은 하나의 분야가 있다면 모임을 열어 리더십을 발휘해 보길 바란다. 어떤 것이든 상관없다. 단 한 명이 와도 일단 시작하는 것이 중요하다. 여러 번 알려주고 가르치는 연습을 하다 보면 어느새 메시지를 전달하는 능력도 점점 향상된다.

마지막까지 버티는
사람이 될 것

퍼스널 브랜딩을 공부하다 보면 세상의 다양한 브랜드 역사가 눈에 보이기 시작한다. 내가 좋아하는 성심당 빵집 브랜드는 1956년 대전역 앞 작은 찐빵집에서부터 시작되었다. 대전시민의 자부심과 사랑의 온기가 더해져 오늘날 대한민국에서 손꼽는 하나의 기업이 된 것이다. 대한민국의 가장 큰 기업인 삼성은 1938년 일제강점기 시절, 협동정미소 주인이었던 이병철 회장이 '삼성상회'를 개업한 것이 삼성그룹의 시초다.

퍼스널 브랜딩도 마찬가지로 역사가 필요하다. 만약 여러분이 오늘부터 퍼스널 브랜딩을 하기로 마음을 먹었다면 단기간에 승부를 볼 것이 아닌, 내가 눈을 감는 마지막 순간까지 존재하겠다는 마음으로 임하면 좋겠다. 마지막 순간까지 퍼스널 브랜딩 글쓰기를 즐겁게 하려면 중요한 마음가짐 하나가 있다. 바로 남과 비교하지 않는 마음이어야 한다는 것이다. 내가 쓴 《방탄렌즈의 지혜》전자책에서 방탄렌즈를 갖추기 위한 마인드의 첫 번째는 아래와 같다.

"남과의 비교는 금물이다."

2022년 블로그 글쓰기를 시작할 때만 해도 나는 퍼스널 브랜딩 글쓰기에 대해 잘 몰랐다. 브랜딩 관련 책들을 읽어봐도 전혀 감이 잡히지 않았다. 그러니까 책을 읽어도 곧바로 적용하는 데 다소 시간이 걸린 것이다. 단 한 번도 SNS를 사용해 본 적이 없던 나였기에, 그저 글쓰기 하나를 꾸준히 하고 싶다는 마음 하나만으로 시작했을 뿐이다. 그 마음 하나만을 안고 아무것도 모르는 온라인 세상에서 하루 한 장 글을 쌓아가자는 마음으로 임했다.

그런데 어느 순간부터 내 마음에 불행이 찾아오기 시작했다. 분명 온라인 세상을 접하면서 생겨난 마음의 불행이었다. 글쓰기를 시작하기 전까지만 해도 그동안 내가 알던 세상이 전부인 줄 알았는데, 내가 몰랐던 새로운 세상들이 펼쳐지고 있었다.

블로그 글을 쓰기 전 나의 가장 행복한 순간과 행복 지점은 내가 이국적인 곳을 여행하며 박물관과 미술관 및 역사의 건물과 예술을 알아갈 때, 하루 종일 그곳에 심취해 있을 때였다. 그런데 블로그 세상의 기준에서 행복 지점은 내가 행복했던 지점의 기준과는 거리가 멀었다. SNS에선 많은 사람들이 가장 행복이라 생각하는 것은 경제적 자유를 이룬 사람들이었거나 영향력을 크게 끼치는 사람들이었다. 생각해 보니 당연했던 것이기도 했다. 지금의 시대는 자본과 영향력이 있어야 하는 사회이기 때문이다. 투자를 통해 경제적 자유를 이루고 파이어족이 된 사람들의 이야기, 자기개발이나 독서 모임을 통해 월 1억 달성에 성공한 사람들의 이야기가 SNS와 인스타그램에 수두룩했다.

무일푼 비정규직 삶에서 시작했던 공무원 교사였지만 서울 강남 근처 한강 변 아파트를 매수했던 내 자신이기에 나름대로 자본주의 사회에서 성공했다고 생각했었다. 그러나 블로그에서 투자를 통해 나보다 더 큰 자산을 일군 사람들을 보며 잠시 한탄했었다. 단 한 번도 누구와 비교해 본 적이 없었는데 나도 모르게 비교의 척도를 꺼내기 시작했다. 그 기준은 분명 돈이었다. 12년 교직 생활을 하며 나의 본업과 내 삶 속에서 인생을 아름답고 성실하게 잘 가꾸어 왔다고 생각했지만, 모든 것이 한순간에 붕괴한 듯한 느낌이었다. 늘 초조하고 불안했다. SNS 세상은 분명 양날의 검이 존재하는 세상이다. 인터넷의 시대는 남과 비교하기가 더 쉽고 가속화된 시대임은 분명했다. SNS를 해봤다면 알 것이다. 블로그와 인스타그램에는 좋은 차와 집, 명품을 들고 다니는 사람, 좋은 휴양지에서 행복한 모습들이 가득하다. 어느 순간 현실의 나와 비교하게 된다.

SNS를 보니 현실 속의 나는 별 볼 일 없는 삶을 살고 있는데, 다른 사람들은 대단하고 멋진 삶을 살고 있다고 생각하게 된다. 급기야 '나는 왜 저런 삶을 살지 못하는 걸까?'라는 생각을 하며 극단적으로 자기 자신을 인생의 패배자로 만든다. 사회심리학자들은 이를 '상향 비교(upward contrast)'가 일어났다고 한다. 우월한 사람들과 자신을 비교할 때, 나는 그들과 다르며 그들처럼 될 수 없다고 생각하는 것이다. 이 생각이 오랫동안 머물다보면 결과적으로 삶을 우울하게 만든다.

미국 피츠버그 의과대학 연구팀이 실시한 조사에서도 SNS를 사용할수록 우울증 발병 위험이 증가하는 것으로 확인되었다. 인터넷이 발달한 나라일수록 남과의 비교가 쉽게 일어난다. 대한민국의 우울증과 자살률이 높은 이유도 삶의 양극화가 커졌기 때문이다. 2011년까지만 해도 세계 행복지수 1위였던 부탄이 2019년 156개국 중 95위를 차지했던 것도 인터넷이 발달했기 때문이다. 세상의 시야가 넓어지다 보니 잘사는 사람들의 나라와 자신들을 비교하며 스스로 불행한 마음을 가지게 된 것이다.

블로그를 시작한 지 3개월 만에 전자책을 냈던 이유는 내 마음의 불행을 잠재우고, 사람들에게 인정받고자 하는 욕구에서 시작한 것이다. 전자책을 만들고 배포하면 단 한 번에 성공할 것만 같았다. 그러나 이상과 실제는 달랐음을 고백한다. 모든 것은 결코 단 한 순간에 이루어질 수 없었다. 생각해 보니 투자도 마찬가지였다. 이 세상엔 실제로 인생 한 방이나 홈런이라는 것은 절대 존재하지 않는다. 퍼스널 브랜딩도 마찬가지다. 나를 브랜드 한다는 것은 경계가 없는 하나의 데스게임과 같은 것이다. 불안할수록 나에 대해 더 많은 공부를 했고, 어떻게 해야 블로그를 멈추지 않고 꾸준히 할 수 있는지 나 자신에게 물어보기도 했다. 2022년 여름부터 나와 끊임없이 대화하며 내가 무엇을 할 때 가장 행복하고 편안한지 나에게 물어보았고 그때 나의 대답은 이러했다.

첫째, 나는 책을 읽거나 세상 공부할 때 가장 행복하다.
둘째, 오로지 어제의 나와 비교할 때 내 마음이 가장 편안하다.
셋째, 내가 배우고 알게 된 것들을 타인에게 아낌없이 나누어주어 쓰임 받는 나 자신이 될 때 가장 행복하다.

위의 3가지 대답을 통해 나는 앞으로 어떻게 해야 나 자신이 브랜드가 될 수 있는지 고민했다. 그때마다 비즈니스 사업가들을 만나러 가기도 했고, 마케팅 강의를 듣기도 했고, 성공한 사람들의 스토리와 과정 하나하나를 찾아보았다. 2년 동안 성공한 사람들의 성장 스토리를 공부하기도 했다. 그때마다 내가 깨달은 가장 중요한 한 가지는 성공한 사람들은 실패해도 이를 다시 살리려고 노력했다는 것이다. 그들은 힘든 순간이 왔을 때도 포기하지 않고 어떻게 해야 그 난관을 극복할 수 있는지 고민하며 나아갔다. 실패는 내가 도전했다는 하나의 증거다. 나와 같은 기버정신을 가지고 있는 고명환 님도 오늘날 메밀국수 사업이 성공하기까지 5번의 장사 실패가 있으셨다 했다. 내가 좋아하는 전직 가수였던 이소은 변호사도 실패 이력서를 쓰며 실패에서 오히려 더 의미가 있었음을 알게 되었다고 한다.

우리가 잘 아는 스탠퍼드 대학교에서는 실패 이력서 쓰기(CV for Failures)를 개설하여 진행하고 있다. 브랜딩도 마찬가지다. 실패를 많이 할수록 내가 원하는 브랜딩에 다다를 수 있다. 그러니 늘 언제나 내가 시도하는 하나하나를 실험한다는 정신으로 살아가 보자. 실험하는 브랜딩 정신은 시간이 지날수록 사람들에게 많은 응원과 사랑을 받을 것이다.

평범한 사람이 비범한 사람이되는 것은 얼마나 오랫동안 끈기있게 버티고 했느냐다. 비범한 사람일지라도 끈기가 없으면 평범한 사람이 된다. 마지막까지 끈기있게 버티는 정신으로 글쓰기를 해보자. 세상은 결국 기다릴 줄 아는 사람에게 보상한다. 기회는 분명 온다. 다만 끈기가 없으면 기회가 오는 것을 보기 전에 그만두게 된다. 어떤분야에 있는 사람이라도 성공과 가장 큰 상관관계가 있는 것은 분명 마지막까지 버티는 사람일 것이다.

브랜딩 탐구를 위한 질문
지속 가능한 브랜딩 글쓰기

1. 살아오며 내가 가진 나만의 무기, 강점 스토리가 있다면 무엇일까?

2 내가 가지고 있는 생각의 힘의 크기는 얼만큼일까?
내가 생각하는 브랜딩의 목표를 계속 붙잡고 나아가는 힘은
얼마 정도가 되는가?

3 나의 대인관계 기술은 어떠한가?
나는 사람들과 두루두루 원만하게 잘 지내고 있는가?

4   글을 쓰면서 멘탈이 흔들리거나 어렵다고 느껴진 적이 있었는가?
    나에 대한 강한 확신과 믿음은 어느 정도 인가?

5   나는 살아오면서 실패를 어떤 관점으로 바라보았는가?
    실패하고 난 뒤 다시 도전을 몇 번 했는가? 한번 시도하고 난 뒤에
    최소 3번 이상 도전했는가? 아니면 1-2번하고 그만두었는가?

CHAPTER 4

나만의 핵심 가치로
최고의 브랜드가 되는 법

질문을 계속 하면서
나를 **기록**하고
적어가는
과정의 시간이
필요하다

나만의 핵심 가치는
무엇인가

20세기를 대표하는 투자의 귀재로 알려진 워런 버핏(Warren Buffett)은 매일 350ml의 코카콜라 캔 음료를 마시는 마니아로 유명하다. 그것도 하루 한 캔이 아닌 최소 5캔을 마신다. 버핏을 찌르면 콜라가 흘러나올 거란 농담이 있을 정도다. 실제로 워런 버핏은 포춘지(Fortune)와 인터뷰에서 자기 몸의 4분의 1은 코카콜라로 되어있다고 우스갯소리로 말하기도 했다.

나 역시 코카콜라를 좋아한다. 코카콜라를 마시기 전부터 붉은색 캔만 바라보아도 특유의 어떤 짜릿한 맛과 행복한 감정이 떠오른다. 100년이 넘는 역사 동안 코카콜라는 소비자들에게 알게 모르게 콜라 속에 있는 가치를 끊임없이 전달했다. 그건 바로 '행복'이다. 1931년부터 해마다 다른 상황을 설정해 기존 산타클로스를 코카콜라만의 이미지로 표현하며 세상의 푸근한 행복을 알렸다. 2013년부터는 가족 북극곰들이 눈으로 북극곰을 만들며 행복한 시간을 보내는 모습을 광고로 보여 주었다. 이는 가족애와 행복의 메시지를 동시에 전달했다. 코카콜라가 초기에 정립한 핵심 가치인 '행복'은 지금도 변함이 없다.

코카콜라 기업이 가지고 있는 중요한 원칙은 전 세계인에게 행복을 전하는 것이었다. 그렇기 때문에 워런 버핏은 콜라를 마실 때마다 행복감을 느꼈을 것이고, 나 역시 콜라를 마시고 난 뒤의 짜릿한 행복을 느꼈다. 1886년부터 탄생한 코카콜라가 소비자들에게 전하는 가장 의미 있는 핵심 가치는 'Open Happiness'다.

핵심 가치라는 단어를 독자분들께 친근하게 설명하기 위해 코카콜라 브랜드를 통해 설명을 해보았다. 브랜드에 있어 핵심 가치는 집안의 가훈 또는 가풍과 같은 역할이다. 중고등학교 시절 교실 칠판 위에 있던 교훈과 급훈도 조직의 핵심 가치를 표현한 것이라 볼 수 있다. 퍼스널 브랜딩에 있어서 핵심 가치란 내가 브랜딩으로 성장하는데 꼭 필요한 나만의 스토리와 전문성이다. 이는 브랜딩의 일관성을 만들기 위한 기준이자, 변하지 않는 코어(Core)이기도 하다. 퍼스널 브랜딩의 가치는 내가 중요하게 생각하는 브랜드의 철학과 전문지식, 그리고 경험에서 비롯된다. 그러므로 나의 생각, 행동, 의사결정을 하는 원칙 또는 기준을 잡는 것이 핵심가치가 될 수 있다. 퍼스널 브랜딩은 결코 단

기간에 이루어질 수 있는 것이 아니다. 한번 시작하면 꾸준히 오랫동안 나가야 하는 내 인생의 긴 여정과도 같다. 보통은 3년에서 5년 사이에 브랜드 기반을 다지는 '죽음의 계곡(Death Vally)' 시기를 견뎌야 한다. (짧게는 1년에 3, 6, 9개월마다, 6개월에 한 번씩 현타가 밀려올 수도 있다) '죽음의 계곡'이란 초창기 스타트업 기업이 가시적인 성장을 눈앞에 두고 생존 위기를 겪는 구간을 말한다. 이 시기에는 기술 개발에는 성공하였으나 본격적인 사업화 단계에 이르기 전까지 넘겨야 할 어려움의 시간이다. 제임스 클리어의 《아주 작은 습관의 힘》에서는 이를 낙담의 골짜기라고 이야기하며 다음과 같이 설명하고 있다.

"우리는 종종 발전이 직선적으로 나타나리라고 기대한다. 빨리 그 결과가 나타나길 바라지만 현실에서 노력의 결과는 다소 늦게 나타난다. 몇 달이나 몇 년 후까지도 자신이 했던 일들의 진정한 가치를 깨닫지 못할 수도 있다. 몇 주나 몇 달 동안 어떤 결과도 없이 힘들게 노력만 하면 낙심한다. '낙담의 골짜기'에 빠지는 것이다. 하지만 그동안 해놓은 일은 헛되지 않다. 그것은 잘 축적되어 있다. 머지않아 그동안 해온 노력이 그 가치를 모두 드러낼 것이다."

스타트업 기업에서 죽음의 계곡은 추가적인 자금 부족으로 인하여 상용화에 실패할 수 있는 위험 구간의 상황이 올 때다. 퍼스널 브랜딩의 과정에도 위와 같은 구간이 존재하지만, 다행인 것이 있다. 온라인 퍼스널 브랜딩의 과정은 자금이 부족할 일이 없다는 거다. 단지 나의 에너지를 투입하는 시간만 많이 가지면 된다. 그러니 내가 위기의 순간이 올 때 마다 '나만의 핵심 가치'를 떠올리며 즐겁게 브랜딩을 구축해 나가자. 나는 위기가 올 때마다 아래와 같은 핵심 가치를 떠올린다. 2년 동안 내가 적어 온 글 한 장 한 장 살펴보며 내가 주로 어떤 믿음과 생각, 마음가짐으로 움직이는지 지켜보며 만든 것들이다.

1. 나와 타인의 성장을 함께 도모한다.
2. 교육은 끊임없이 진화하고 발전한다.
3. 먼저 주는 사람이 주인이다. (기버 정신)
4. 언제나 낙관적인 태도와 자세를 가진다.
5. 세상 모든 사람이 스승이다.
6. 한 사람의 잠재력과 강점을 끄집어내어
자기의 꿈과 창조성을 실현한다.
7. 사람이 미래다.

내 브랜딩의 핵심가치처럼 여러분의 핵심가치는 어떻게 찾을 수 있을까? 이에 대해서는 '나'라는 사람에 대해 질문을 많이 해야한다. 나는 지난 날 과거부터 오늘날까지 어떤 삶을 살아왔고, 사람들과 어떻게 지내왔는지, 앞으로 어떤 것을 하고싶은지 등에 대하여 질문을 던져보자. 내가 던진 질문에 대한 답변을 하나씩 찾아가며 나를 이해하고 나의 브랜드가 원하는 방향을 조금씩 찾아가자. 질문을 계속하면서 나를 기록하고 적어가는 과정의 시간이 필요하다. 나자신의 브랜드를 이해하기 위한 질문으로는 다음과 같을 수 있다.

첫째, 내가 글을 통해 제공하고 있는 서비스나 제품 등은 무엇인가?
(코카콜라의 경우 코카콜라는 음료수를 제공하고 있다. 방탄렌즈 지혜는 어른의 성장과 돈공부, 글쓰기, 퍼스널브랜딩을 위한 교육 서비스를 제공하고 있다.)
둘째, 내가 제공하는 서비스나 제품을 제공하는 이유는 무엇인가?
셋째, 나라는 사람의 이름, 즉 퍼스널 브랜드의 5년, 10년 뒤 목표는 무엇인가?

브랜드의 핵심가치를 만들 때 주의해야할 점이 있다. 내가 하고 싶은 이야기만 하며 자랑을 나열해야 할 때도 있지만, 내 글을 읽어주는 고객의 관점에서 나의 브랜드가 고객에게 어떤 도움을 줄 수 있는지 고객이 듣고 싶은 이야기를 들려주어야 한다. 그러기 위해서 우리가 집중해야 할 대상이 누구인지, 그들은 어떤가치를 중요하게 생각하는지 이해 할 필요가 있다. 나의 브랜드를 좋아해주는 독자나 고객을 이해하기 위한 질문으로는 다음과 같을 수 있다.

첫째, 고객이 원하는 것, 필요한 것은 무엇인가?

둘째, 고객이 해결하고 싶은 문제는 무엇인가?

셋째, 나는 어떤 독자 또는 고객을 타깃하고 있는가?

중요한 팁 한가지를 더 이야기 하자면, 내가 생각하고 있는 독자나 고객 한명을 생각하며 글을 적으면 좋다. 한 칼럼당 한명의 독자를 생각하며 적는 것이다. 한 칼럼당 고객을 명확하게 설정하려면 내가 가지고 있는 스토리가 무엇인지 알아야 한다. 나의 수 많은 스토리를 쪼개어 독자 한명 한명을 만들어 보자. 그리고 쪼개어진 스토리 하나에 맞는 고객을 만들자.

첫째, 나는 공무원이고 교사였다. 180만원의 비정규직 흙수저였지만 돈이 없던 시절부터 압구정 아파트에서 사는 것이 나의 꿈이었다. 이와 유사하게 나만의 꿈이 12년 만에 이루어졌다. 2022년부터 주식 투자를 시작하고 있는데, 주식투자로 내 나름 의미있는 투자 성과를 거두고 있다. 현재 전업 주식 투자자에서 자본가로 나아가길 희망한다.

고객: 공무원인데 자본주의 사회의 부를 축적하고 싶은 독자나 고객

둘째, 나는 전자책으로 2022년 하반기부터 2023년까지 전자책을 2천만 원어치를 팔아본 경험이 있다. 이와함께 커뮤니티 모임을 현재

까지 운영하며 스터디의 수익화를 실현했다.

고객 : 전자책 판매와 커뮤니티 운영으로 수익화를 실현하고 싶은 독자나 고객

위와 같이 독자를 명확하게 설정하면, 내 위기가 있거나 불안한 순간에도 내가 써야 할 글의 본질을 놓지 않고 글을 쓸 수 있다. 나 자신이 하나의 브랜딩으로 성장하는데 1년에 한번 씩 나만의 스토리와 전문성을 되돌아 보는 시간을 갖자. 시간이 지날수록 세상에 각인 시키는 나만의 브랜드를 만들기 위해서는 성찰의 시간도 반드시 필요하다.

✦

재미와 즐거움은
기본이다

"지혜 님은 어떻게 그 많은 일들을 다 하실 수 있어요? 지치지 않아요? 힘들지도 않아요?"

많은 사람이 나에게 물어보는 질문이다. 어떻게 그 많은 일들을 다 컨트롤할 수 있느냐고. 나 역시 이런 나를 보면 가끔은 신기하기도 하다. 2025년 현재 내가 하는 일은 한가지가 아니라 여러 가지다. 확언 선언 재능기부 온라인 모임과, 부자의 돈그릇 온·오프라인 스터디를 운영한다. 여기에 퍼스널 브랜딩 오프라인 소수 정예 1년 멤버십 분들과 함께하고 있고, 온라인 퍼스널 브랜딩 & 커뮤니티 독서 모임을 매월 마지막 주 금요일마다 온라인에서 진행하고 있다. 그리고 요즘은 돈그릇 멤버분들 상담 주간이라 1:1로 직접 한분 한분 대면하거나 통화로 개인 상담의 시간을 가진다. 이렇게 다양한 활동을 하면서도 조만간 세상에 나올 종이책을 틈틈이 쓰는 중이다.

처음부터 이 모든 것들을 컨트롤할 수 있던 건 분명 아니었다. 2년 전과 오늘날 지금의 나는 다르다. 그때는 오로지 블로그 글쓰기 하나만을 했고 읽기와 쓰기에만 집중했다. 오늘날 이 모든 것들이 탄생하기까지의 시작점은 분명 블로그 글쓰기였다. 나는 글을 쓸때 즐거움과 행복을 느끼고 글을 쓰며 새로운 아이디어를 상상하고 창조하여 현실에 실현 할 때마다 즐거운 감정이 샘솟는다. 이 즐거움이 반드시 있어야 퍼스널 브랜딩에 성공 할 수 있다.

초창기에는 오로지 하나만 몰입했다. 시작은 블로그 글쓰기였다. 하루에 한 번 블로그 글 쓰는 시간의 재미와 즐거움을 느꼈다. 온라인에 쓴 블로그 글을 통해 내가 몰랐던 세상의 사람들을 만나는 순간들이 있었다. 사람을 만나 새로운 이야기와 생각들이 들어오면 이를 다시 온라인 글쓰기로 기록하였다. 그러다 보니 글쓰기는 숨 쉬는 것처럼 삶의 일부가 되어버렸다. 글을 쓰면서 누군가가 내 글을 읽어주고 반응해 줄 때 가장 큰 쾌감을 느끼기도 했다. 그것이 설령 많은 인원이 되지 않더라도 누군가가 나의 글을 보고 반응한다는 것에 즐거움과 재미를 느꼈다. 블로그를 통해 전자책을 완성하신 분들을 보면서 나 역시 내가 살아온 삶의 마인드와 경험을 다룬 전자책을 완성해 내고 싶다고 생각했다.

제대로 된 전자책 하나를 완성해 보이고 싶었다. 첫째는 학교로 가고 둘째는 어린이집에 있는 찰나 동안 오로지 자료조사와 글을 쓰는 데 시간을 할애했다. 아이가 집에오면 다시 엄마의 모드로 돌입하여 잠들 때까지 아이들과 가정을 돌봤다. 새벽에 다시 일어나 글을 읽고, 쓰기를 반복했다. 결국 그렇게 하여 나는 6권의 전자책을 2년 동안 완성해 냈다. 내 생각과 아이디어가 글자로 옮겨질 때 가장 기쁜 쾌감을 느꼈다. 퍼스널 브랜딩 글쓰기를 완성해 나가는 데 가장 중요한 것은 글을 쓰는데 즐거움과 재미가 반드시 있어야 한다는 것이다. 설령 누군가가 나의 글을 많이 읽지 않더라도 나 자신이 나의 글을 써 내려가는 데에 큰 만족이 있어야 한다. 글 근육을 키우는 것이 우선이다. 이후 시간이 지나면 여러분의 글을 읽는 독자들이 점점 하나둘 생길 것이다. 그때 글을 통해 반응을 해줄 때의 기쁨은 또 다른 기쁨과 즐거움이 있다. 일종의 쾌감을 느끼기도 하는데 나는 글쓰기를 통해 다양한 즐거움의 색과 재미를 경험한다.

중요한 것은 글을 통해 나의 아이디어를 실행하여 반드시 끝까지 완주하는 경험을 계속 쌓아야 한다는 것이다. 아이디어만 있는 것은 반쪽짜리의 행복이다. 그러다 어느덧 모래알처럼 사라진다. 상상을 통해 어떤 기발한 아이디어나 해보고 싶은 무언가가 떠올랐다면 막힘없이 실행해 보길 바란다. 설령 실패하더라도 상관없다. 실패는 실패 나름대로 의미가 있다. 그 길을 다시 가지 않으면 된다는 지표이기도 하다. 잠시 길을 잃어 방황한다면 오히려 더 좋다. 길을 잃어 방황할 때 나의 정신과 온몸의 감각 센서가 나의 진짜 길을 알아내기 위해 탐색을 하기 때문이다. 무엇보다 실패는 하나의 도전했다는 증거의 기록과 같다. 그러니 당황해하지 말고 자연스럽게 내가 생각했던 아이디어 딱 한 가지를 끝까지 완주하여 구현해 내도록 하자.

✦

처음엔 아주 단순하고 작은 것에서 시작해야 한다. 그것이 어느덧 익숙해지면 나도 모르게 무의식적으로 자연스러워지는 순간들이 온다. 전자책 하나를 완성한 뒤 나는 전자책을 토대로 자기계발 모임을 연속적으로 만들어 실행했다. 사람들이 많이 오든 오지 않든 내가 만들었던 모임을 끝까지 완주해 낸다는 마음가짐으로 임했다. 1년 반 동안 무료로 사람들과 함께했다. 나의 열정과 진심이 담긴 덕분인지 몰라도 열심히 스터디를 임해주시는 분들 덕분에 나는 또 에너지가 솟아올라왔다. 이후 끊임없이 또 다른 아이디어가 떠올랐다. 열정과 진심만으로는 안 된다고 생각했다. 사람들에게 즐거움과 재미의 요소를 함께 넣어주고 기쁨과 행복이 모임에 깃들어야 한다고 생각했다.

요즘 나는 모임에서 재미와 즐거움을 추구하기 위해 다양한 시도를 하고 있다. 온라인 모임에서도 즐거움과 심미적 감성, 아름다움을 느낄 수 있도록 하기 위해 인문학적인 감상과 토론의 시간을 함께 겸비하고 있다. 마지막 날 오프라인 모임에서는 예술의 경험을 함께 넣어 사람들에게 그동안 일상에서 경험해 보지 못했던 다양한 느낌과 감정, 경험을 선사하려고 노력하고 있다. 이런 모임 자체를 기획하는 것이 나에겐 큰 기쁨이자 즐거움이다.

인생에서 가장 쉬운 해답과 같은 문장 하나가 있다. 어찌 보면 내 삶의 마법과 같은 주문이기도 하다. 그건 삶 자체를 놀이라고 생각하는 것이다. 우리의 인생은 고통이 아니라 즐기다 가기 위한 놀이터다. 그러다 보니 지금 내가 하는 모든 것들을 놀이로 바라본다. 육아도 놀이고, 밥하는 것도 놀이고, 인간관계도 놀이고, 일하는 것도 놀이다. 모든 것들이 삶의 놀이와도 같다. 이런 마인드로 무언가를 하면 결코 따분할 리가 없다.

그래서 요즘 놀면서 돈을 번다고 스스로에게 말한다. 더 놀고 싶어서 돈을 더 버는 거라고 스스로에게 말하기도 한다. 노는 즐거움을 계속 맛보니 정말 즐거워서 그만둘 수 없을 때가 종종 있기도 했다. 물론 이와 같은 생각의 사고가 오기까지 부정적인 감정들을 제거하는 시간을 많이 할애했다. 처음부터 모든 것을 놀이로 바라보진 않았다. 조금 더 일을 즐겁게 하는 방법, 그리고 나의 모임에 온 사람들에게 선물과 같은 즐거움과 재미를 주고 싶은 바람을 매일 생각하다 보니, 내가 이 일을 하는 것 자체에 즐거움이 깃들여져 있어야 한다고 결론을 냈다.

최근 부자의 돈그릇 시즌 2에서는 새로운 놀이가 추가되었다. 첫 번째는 브랜딩 임장이고, 두 번째는 공부하는 장소를 바꿔가면서 다양한 공간을 탐색해 보는 경험을 가져보는 것이다. 이것도 일종의 놀이와 재미라 생각했지만 실제로는 공부를 함께 하는 경험도 가져보는 것이다. 매일 똑같은 일상과 생각에서 벗어나 새로운 관점으로 다양한 것을 탐색해 보는 경험을 넣은 거다. 글자와 사진으로 돈에 관해 이야기하는 것이 아니라, 진짜 돈이 흐르는 곳을 탐방하여 하나하나 관찰하고 느껴보기로 했다. 우리가 그동안 가보지 못했던 곳들을 경험하고 체험해 보는 것, 일종의 놀이이기도 하지만 분명 우리의 모임에는 생각의 뿌리가 성장되기도 할 것이다.

압구정 갤러리아 명품관과 청담동 디자이너 거리를 다들 한 번도 가보지 못했다고 하여 진짜 부자들이 돈을 쓰는 공간과 거리를 탐방하고, 경험해 보고, 느껴보기로 했다. 이때 나 역시 느낀 것들이 있었다. 나 자신이 갤러리아 명품관을 마음대로 들락날락할 수 없는 사람이라는 통제와 불편한 감정들이 있었다는 거다. 삶에서 어떤 것이 정답일 수는 없지만 명품을 사거나 이용할 수 있는 사람이 아니라고 내 나름의 한계를 긋기도 한 거다. 자신을 알아차리는 과정에서 나는 또 즐거움을 느낀다. 그러고는 불편한 감정을 해소하기 위한 나만의 방법을 찾는다. 그럴 때 내가 하는 두 번째 마법과 같은 주문은 "그 사람만이 가능한 게 아니라 나도 가능하다."라는 말을 자주 하는 것이다. 그러다 보면 나는 또 이와 비슷한 상상을 하고 행복과 즐거움을 찾는다.

삶 자체를 **놀이**라고
생각하는 것이다.

우리 인생은
고통이 아니라
즐기다 가기 위한
놀이터다.

사랑이
최고의 가치다

블로그를 통해 모임을 시작한 지 2년이 흘렀다. 온·오프라인 모임 수업을 매번 끝낼 때마다 내가 하는 말이 꼭 있다.

"여러분, 사랑합니다."

처음 이 말을 용기 있게 했을 때가 아직도 기억난다. 사랑한다는 말을 익숙하게 주고받지 않는 어른들 사이에 웬 사랑이냐 생각하며 두 눈의 동공이 커지며 놀라셨다. 그러나 곧바로 싫지 않은 표정을 보이시더니 곧 함박웃음을 보여주신다. 내가 말하는 사랑의 의미는 일반적으로 우리가 떠오르는 사랑과는 다르다. 남녀 간의 이성적인 사랑이나 가족, 친구등과 같은 사이에서 느끼는 사랑이 아니다. 내가 말하는 사랑은 '사랑 그 이상의 무언가를 창조할 수 있는 긍정의 힘'인 것이다. 본래 인간은 무언가를 창조하고자 하는 본능과 욕구를 가지고 태어났다. 메슬로우(Maslow)는 인간의 가장 보편적인 특징은 창조성이라는 사실에 최초로 관심을 가진 사람이다. 건축가 루이스 칸은 창조성에 대해 다음과 같은 명언을 남겼다.

"예술의 창조는 욕구를 충족하는 것이 아니라 욕구를 창조해내는 것이다. 베토벤이 5번 교향곡을 창조해 내기 전까지는 세상은 이를 필요로 한 적이 없었다. 하지만 이제 우리는 5번 교향곡 없이는 살 수 없게 됐다."

어릴 적 읽었던 문학 소설 중 충격적인 내용이 아직도 내 머릿속에 남아 있으나 제목은 기억나질 않는다. 내용은 한 인간이 너무나 무료하고 심심하게 살다 보니 마지막 최후를 자살로 끝낸다는 그런 내용이다. 인간은 무언가를 하지 않는다면 자기 존재의 의미를 상실하게 된다. 그만큼 인간은 자신에게 무료하거나 따분한 것을 견디지 못하는 유전자를 가지고 있다. 그것이 인간과 동물의 다른 점이다. 인간의 문명이 눈부시게 발전할 수 있던 이유도 그것이다. 인간의 창조 욕구는 3만 2천 년에서 1만 년 사이 구석기 시대 프랑스 라스코 동굴 벽화에서부터 있었다. 그러나 자본주의 사회로 인하여 긍정의 창조성을 표현할 욕구가 막히게 되었다. 창조를 표현하기 전에 돈을 벌어야 의식주의 생존 욕구를 해결할 수 있는 세상에 살고 있기 때문이다. 역사적으로 따지고 보면 자본주의 사회가 시작된 지는 그리 길지 않다. 자본주의는 상품이나 서비스를 만들어 돈을 받고 사고파는 1700년대 후반 국가 간의 교역을 개방함에 따라 생겨났다. 《이 책은 돈 버는 법에 관한 이야기》의 저자인 고명환 님도 다음과 같이 말했다.

"자, 눈을 감고 '행복'하면 무엇이 떠오르는지 그려보라. 멋진 집, 좋은 차, 화목한 가정, 해외여행 같은 것들이 그려지는가? 그렇다면 당신도 자본주의에 세뇌당한 사람이다. 인간에게는 놀고, 먹고, 여행할 때 느끼는 행복감보다 더 큰 진짜 행복감이 있다. 바로 무언가를 창조할 때의 행복감이다. 내일이 힘든 이유는 창조하지 않기 때문이다. 회사나 거래처가 시키는 일만 하므로 만족감이 없다. 어린아이들이 모래밭에 앉아 하루 종일 재밌게 놀 수 있는 원동력이 창조다. 창조하면 하루 종일 앉아 있어도 힘들지 않다. 그런데 우리는 어떤가? 회사 의자에 앉아 가슴 설레며 일한 적이 있는가?"

고대 그리스 철학자인 소크라테스는 '사랑받고 싶어 하는 마음은 행복해지고 싶어 하는 마음'이라고 했다. 행복해지고 싶어 하는 마음은 생각보다 간단하다. 사랑받고 싶다면 내가 먼저 타인에게 사랑을 나누어 주면 된다. 그러면 그 사랑은 다시 나에게 돌아온다. 물리학자인 아이작 뉴턴의 작용과 반작용의 법칙처럼 내가 세상에 먼저 내어준 것은 다시 반드시 나에게 돌아온다. 그러니 먼저 사랑을 나누어 주자. 《시크 릿》의 저자인 론다 번은 ≪더 파워≫를 통해 다음과 같이 이야기했다.

"당신은 '주는'대로 '받는다' 당신이 살아가면서 무엇을 주든 살아가 면서 그대로 돌려받는다. 당신이 무엇을 주든 끌어당김의 법칙에 따라 그것이 당신에게 그대로 끌려온다. '주는' 작용은 '받는' 반작용을 만들 어내며, 당신이 준 것과 똑같은 것을 그대로 돌려받는다. 당신이 살면 서 무엇을 주었든 그것은 반드시 당신에게 돌아온다. 이는 우주의 물 리학이며 수학이다. 긍정성을 '주면' 긍정성을 그대로 '돌려받는다'. 부 정성을 '주면' 부정성을 그대로 '돌려받는다'"

그런데 여기 문제가 있다. 내가 블로그를 통해 2년 동안 약 2천 명 가까이 되는 사람들과 상담하며 깨달은 것이 하나가 있다. 성인인 우 리는 사랑을 주는 일에 익숙지 않은 상태로 자라왔다는 거다. 생각해 보니 나도 사랑한다는 말을 꺼내는 데 익숙지 않았고 사랑을 받고 싶 기만 했지, 사랑을 주는 방법은 익숙지 않던 사람이었다. 그러다 29살 결혼을 하고, 직장을 다니면서부터 조금씩 사랑을 주는법을 알게 된 거 같다. 그 사랑의 시작은 '덕'이었다. 결혼 당시 나는 남편의 덕을 보 고 살겠다는 마음이었다. 결혼식이 끝난 저녁 남편은 우울해지기 시작 했다. 신혼여행에서도 무기력하게 말없이 축 처져 있기만 했다. 남편은 결혼을 하니 모든 것이 걱정되고 두렵다고 고백했다. 신혼여행 중 남편이 앞으로 우리의 미래가 걱정되고 두렵다는 이야기에 모든 것이 확 깨진 듯한 느낌이었다. 결혼이라는 현실의 무게에 자신이 짊어져야 할 것이 너무 무겁다고 느껴지다 보니 불안감이 밀려왔다고 했다. 그때부터 남편에게 나와 결혼하게 된 이유에 관해 물어봤다. 자기와 반대인 모습에 끌렸다고 했다. 대학원을 3번 떨어져도 다시 도전하고, 평일 퇴근하고 주말마다 도서관에서 공부하는 모습, 계속 실패해도 또다시 도전하는 행동에 끌렸다고 했다. 그러나 남편은 정반대란다. 자기는 무언가 도전하고 움직이는데 두려움이 있다고 했다. 그래서 한번 의사결정을 하는 데 오래 걸린다고 고백했고 이런 이야기를 듣고 나는 조금 당황스러웠다. 나의 결혼 의도와는 전혀 다른 방향으로 흘러가는 대화 내용들이 존재했기 때문이다.

모든 것을 부정하고 싶었는지 2개월 동안 피 터지게 싸우기만 했다. 나 자신이 부족하고 못난 것도 모르고, 매일 이혼하자고 했다. 그러던 어느 날 남편이 준 편지와 스님의 주례사 책을 읽다 나의 잘못된 점들이 무엇인지 깨달았다. 나는 결혼을 통해 배우자의 덕을 보려 했다는 것이다. 손해 볼 마음은 눈곱도 없고, 배우자에게 덕을 줄 마음도 없던 것이다. 그 순간 결심했다. 남편을 일으켜 세우는 배우자가 되리라고, 덕을 주는 배우자가 되리라고.

나는 이런 마음으로 블로그에 사랑을 담아 글을 적었다. 그 사랑 안에 독자에게 영감을 불러일으켜 주는 생각과 긍정의 에너지도 담았다.

때로는 블로그를 통해 사람들과 다양한 이벤트를 진행했다. 이것 역시 누군가를 일으켜 주고 싶은 덕의 마음이 컸었다. 일종의 재능기부였지만 주는 기쁨을 알고 있다 보니 기쁜 순간 더 많은 사랑의 에너지가 나에게 들어오기도 했다. 혼자가 아닌 함께 성장하고 싶은 마음이 컸을지도 모른다. 인간은 사랑받을 때 가장 많은 행복을 느끼며 자신의 존재를 자각하고 인지하게 된다는 걸 알게 되었다. 누군가로부터 사랑을 받으면 내가 살아야 하는 이유가 더 분명해지기도 한다. 나역시 마찬가지다. 누군가가 나에게 사랑한다고 표현할 때 나에게 없던 힘이 나도 모르게 솟아오른다. 누군가가 나를 알아봐 준다는 것만으로도 나는 사랑을 느낀다. 그러니까 나는 아주 작은 것부터 사랑을 자주 느낀다. 내 블로그 글을 꾸준히 읽어주는 것만으로도 나는 그것이 하나의 사랑이라 생각한다. '좋아요'를 눌러주는 것은 응원이 담긴 사랑이며, 댓글을 남겨주는 것은 용기 있는 사랑으로 느껴진다.

이렇게 작은 것 하나에도 사랑이라는 의미를 다르게 부여하다 보니 내 온라인 블로그 플랫폼은 어느덧 사랑이 가득한 곳이 되었다. 나는 이 사랑을 또 많은 블로그 이웃분에게 나누어 주는 역할을 하며 오늘도 글을 쓴다. 그러니 세상에서 가장 귀한 가치는 사랑이다.

✦

남다른 생각과
마인드를 가질 것

나는 첫째 아들을 7살에 조기 입학시켰다. 그 당시 조기입학 준비를 하면서 주변 지인 모두가 나에게 걱정을 보내며 다음과 같은 질문을 했다.

"첫째를 1년 빨리 학교로 보낸다고? 그러다가 아이가 적응 못 하면 어떻게 하려고 그래? 아이를 학교에 데려다주지 않고, 숙제도 안 챙겨 준다고? 너 엄마 맞아?"

2년이 지나 현재 아들은 초등학교 3학년이 되었다. 내가 봤을 때 아들은 숙제와 과제를 스스로 알아서 잘하고 있고 학교도 즐겁게 잘 다니는 중이다. 요즘 대세나 유행이라는 말이 있다. 제 나이에 맞게 초등학교 입학하는 것이 요즘의 대세다. 그러나 나는 현재 대세를 따르기보다, 더 멀리 아들의 인생 전체를 바라보고 의사결정을 했다. 물론 이 결정엔 아들의 의사도 포함되어 있다. 내가 직장 생활을 할 때 만났던 친구들은 대부분 나보다 나이가 2살 이상 많았고 때론 10살 이상 차이나는 친구들도 있다. 사회에서 만나는 친구들은 나이가 결코 중요한 것이 아니었다. 무엇보다 내가 이렇게 키우는 가장 큰 이유는 자녀에게 기업가 마인드로 키워주기 위함이 가장 크다. 나는 자녀가 커가면서 세상을 부모의 프레임이 아닌 자기의 눈으로 세상을 주도하며 살아가는 사람이 되길 희망한다.

2022년부터 블로그에 글을 쓰며 나만의 빈틈 속에서 세상을 관찰하기 시작했다. 블로그 속에 있는 사람들, 가족, 주변 친구와 지인들을 관찰하다 순간적으로 내 머릿속에 들어온 단어 몇 가지가 있었다. 그건 바로 '상식', '프레임', '틀', '고정관념'이다. 내가 어렸을 적엔 빠른 7살도 1학년으로 포함했던 것이 당연했고 자연스러운 시대였다. 그런데 최근엔 그 기준이 사라졌다. 8살에 1학년 입학이 상식이라는 시대가 된 것이다. 이런 사고 하나로 내 인생이 상식을 맞춰 산 인생인지 아닌지 질문을 하기 시작했다. 결정적으로는 김승호 회장님이 쓰신 《돈의 속성》에 아래와 같은 문장을 보며 문득 내가 세상이 정한 기준에 맞추어 살아온 것이 아닌지를 물어보았다.

"나는 젊은이들의 꿈이 대기업에 가는 것이라는 말을 믿고 싶지 않다. 나는 그들이 공무원이 되겠다고 죽어라 공부한다는 것이 괴롭다. 대기업에서 가장 큰 성공은 임원이 되는 것이다."

이 글을 보는 순간 내 머리를 망치로 한 대 얻어맞은 듯한 기분이 들었다. 나는 공무원 공립 교사가 되겠다고 죽어라 공부만 하며 살아왔던 시절이 있었기 때문이다. 글을 읽고 나는 지난 1년 동안 내 의사결정의 역사를 하나하나 탐구하는 시간을 가졌다. 내가 어떤 사람인지 지금 내가 왜 이 삶을 살아가는지 알고 싶었기 때문이다. 생각해 보니 나는 단 한 번도 나라는 존재에 대해 깊이 생각해 본 적이 없음을 깨달았다. 늘 나의 눈은 세상과 타인에게 맞추어져 있었다. 그날 이후 나는 나 스스로에게 질문했고 내용에 대한 답을 적어 내려갔다.

"살아오며 내가 쉽게 포기하거나 단념했던 것은 무엇이었는가? 나는 왜 블로그 글쓰기를 시작했는가? 나는 왜 전자책을 쓰려고 하는가? 글쓰기로 무엇을, 어떤 삶을 원하는가? 나는 왜 글쓰기를 포기할 수 없는가? 글쓰기로 무엇을 얻고 싶은가? 나는 왜 퇴사를 하려는가? 퇴사의 길이 진정 맞는가? 나는 왜 공무원 교사의 직업을 택했는가? 나는 왜 교사가 되고도 서울 임용 시험을 2번이나 더 보았는가? 내가 선택한 배우자의 기준은 어떠했는가? 나는 왜 서울대 대학원 시험을 3번이나 보았는가? 나는 왜 음대생이 되었나? 나는 왜 유학 가는 길을 포기했는가? 아직도 지금 여기에 살고 있는가?"

내가 선택했던 의사결정 하나하나에 질문을 하고 그 이유와 답을 적기 시작했다. 나의 과거를 계속 들여다볼수록 내가 어떤 사람이었는지 더 잘 알 수 있었다. 특히 내가 무언가를 포기했던 순간들을 적다 보니 내가 진정 원했던 삶과 꿈은 오히려 쉽게 포기하거나 도전을 하지 않았던 것이었음을 알게 되었다.

남과 다른 행동을 할 때마다 나는 학교에서 자주 혼이 났다. 물론 혼이 날 법도 했다. 수업 시간에 모두 앞에서 개그맨처럼 웃기고 싶다는 상상을 했기 때문이다. 선생님과 친구들에게 웃기고 싶어 선생님 말투와 어투를 과도하게 따라 하다 교실 복도 앞에 무릎을 꿇고 앉아 있어야 했다. 교사로 지내오면서도 튀는 수업과 행동으로 한때 선배 교사님께 크게 혼난 적도 있었다. 뮤지컬 수업을 구현하여 학생들을 무대에 세우고 전체 학생과 교사를 초대해 행사를 진행하려고 했었다. 아이들이 학원을 가지 않고 남아서 뮤지컬 연습을 하니 항의 전화가 빗발쳤다. 공부는 안 하고 지금 왜 이런 수행평가를 진행하냐며 욕을 된통 먹은 것이다. 그러한 와중에도 나는 결과물을 끝까지 완성해야 한다는 일념과 최종 공연을 모든 선생님과 학생들에게 보여주겠다는 마음 하나로 끝까지 밀어붙였다. 결국 공연은 모두를 감동하게 하였고, 그 이후로 선배 교사님은 내가 무엇을 하든지 전폭적으로 지지해 주셨다. 이런 현상에 대해 제프 고인스의 《예술가는 절대로 굶어 죽지 않는다》에서는 오히려 나의 행위를 지지해 주는 글귀를 발견했다.

"예술가가 되고 싶다면 우리는 어떤 원칙을 깨야만 한다. 주변 기대에 순응하며 살 수는 없다. 어느 순간 현상을 깨버리고 새로운 길을 헤쳐 나가야만 한다. 그리고 잘 알다시피 이때 창의성은 가장 큰 효과를 발휘한다.

저명한 심리학자 폴 토랜스 교수는 창의성은 인생의 모든 영역에 존재하며 누구나 창의적인 사람이 될 수 있다고 믿었다. 그러나 연구를 거듭할수록 토랜스 교수는 특정 환경에서, 특히나 학교에서 창의적인 사람이 되기란 얼마나 어려운지 발견했다. 또한 창의적인 사람은 이해할 수 없는 원칙에 순응하도록 강요하는 환경에서 어떻게 고군분투하는지를 관찰했다.

'창의적인 어린이는 우스꽝스러운 규칙을 참지 못해요. 그 규칙 속에서 어떤 목표도 찾지 못하죠.' 토랜스 교수는 기존 규칙에 따르면 뛰어난 창작을 할 수 없다고 결론 내렸다. 조금이라도 일탈하고 싶은 마음이 없다면 창조적인 사람이 되기는 좀 더 어렵다. 때로는 규칙을 깨고 대가를 치러야 한다."

넘쳐나는 1인 미디어 시대에 누군가가 이야기해 주는 방법 그대로 뻔하게 실행하기보다 때론 나만의 고집스러운 남다른 생각과 마인드를 글 속에서 펼쳐나가자. 남다르게 생각하며 산다는 것은 남다른 글을 쓴다는 것이다. 남다른 글은 타인에게 꽤 충격적이고 신선하기에 당신을 두고두고 지켜보며 각인하게 될 것이다. 나는 '부자의 돈그릇, 영성 모임, 확언' 등을 계속 진행하면서 다른 블로그에서는 볼 수 없는 활동을 꾸준히 펼쳐나가고 있다.

퍼스널 브랜딩으로 생존하려면 자신의 역사를 디테일하게 적어 가보며 내가 진짜 원했던 꿈이 무엇인지, 내가 그동안 펼치고 싶었지만 주저하거나 포기했던 삶이 무엇인지, 또는 남들에게 욕먹거나 지적당했던 건 무엇인지 곰곰이 생각해 보기를 바란다. 브랜딩을 통해 내가 주저했던 것, 지적당한 것, 자책했던 것들을 오히려 뻔뻔하고 당당하게 일으켜 세워보는 기회를 가지길 바란다. 그것이 여러분의 브랜딩이 되어 타인에게 각인이 될 수 있기 때문이다. 분명 시간의 힘은 필요할 것이다.

나누고 베풀고
감사하는 마음의 선순환

최고의 브랜드란 무엇일까? 최고의 브랜드를 이야기해 보라고 한다면 저마다 다른 응답이 나오리라 생각한다. 우리가 살아온 삶과 환경, 가치의 기준에 따라 최고의 기준은 가성비와 가심비에 따라서 나뉠 수도 있기 때문이다. 시계 하나를 선택할 때도 그렇다. 누군가는 스마트폰에 있는 시계만으로도 충분하다. 누군가는 스마트 워치를, 누군가는 아날로그의 가죽끈이 있는 시계를, 누군가는 롤렉스의 브랜드가 있는 시계를 선택할 것이다.

가심비, 가성비를 따지는 것은 브랜드에 있어 돈과 인간의 심리 성능의 기준에 따라 나뉘는 것이다. 나는 이를 뛰어넘어 시간이 지나도 변하지 않을 가치를 독자에게 주어야 한다고 생각한다. 그것이 결국 독자에게 각인이 되어 나라는 사람의 브랜드를 가장 먼저 기억해 줄 것이기 때문이다. 다른 퍼스널 브랜딩 블로그와 달리 나의 퍼스널 브랜딩 블로그에는 나눔과 봉사, 감사와 같은 가치의 의미가 담겨 있다.

세상에 이미 성공한 사람들이 한결같이 이야기하더라. 가치 있는 무언가를 먼저 나누거나 선의와 기여를 먼저 해보라고. 나는 그것을 실험해 보고 싶었다. 내가 만약 끊임없이 나눔을 하게 된다면 어떤 일이 나에게 펼쳐질지 말이다. 모임을 이끌어 갈 때는 다른 사람들이 정말 필요로 하거나 원하는 모임들을 만들어갔다. 시작은 재테크였고, 이후에는 퍼스널 브랜딩, 경제신문 읽기 등으로 이어졌다. 한편으로는 모임을 하면서 돈을 받고 일한다는 최면을 걸었다. 한 명당 30만 원씩 받으면서 일하고 있다고 스스로 최면을 걸면서 일을 했다. 실제 현실에는 내가 돈 받는 것이 보이지 않지만, 나의 정신 속에서는 돈을 받고 일을 한다고 생각했기 때문에 대충 그냥 일을 하면 안 되겠다고 생각했고 준비를 제대로 했다. 영어에서도 'Give & Take'라는 말이 있다. 먼저 주는 'Give'가 있으면 나중에 받는 순간이 오는 'Take'의 순간이 온다.

블로그 글쓰기를 통해 나눔과 베푸는 행위는 소극적일 수도 있고 적극적일 수도 있다. 소극적인 것은 내 생각과 성장의 경험을 글쓰기로 나눔을 하는 것이다. 적극적인 것은 글쓰기를 통해 무료 강의와 스터디 모임, 무료 전자책, 오프라인 모임 나눔 등을 모집하는 것이다. 누군가는 끝도 없이 가치를 나누고 베푸는 것이 지칠 수 있다고 생각하겠다. 나는 오히려 이 관점을 다르게 생각했다. 처음부터 무료로 재능기부를 한다는 것은 내가 이미 무언가를 가진 게 있었고 이루어낸 것들이 있기에 충분히 나누어 줄 수 있는 사람이라고 보았다.

내가 없는 것이 아니라 무언가를 가지고 있다는, 어떤 가치와 마인드를 이미 가진 사람으로서 마음가짐이기도 하다. 부자가 되려면 부자처럼 행동하라는 말이 있지 않은가. 성공하려면 말하는 것과 태도도 이미 내가 성공한 사람처럼 해야 한다고 했듯이 나는 이미 나 스스로 그런 사람이라 생각을 해왔다. 내가 2년 만에 가장 빨리 성공할 수 있던 비결을 한 문장으로 이야기 하자면 아래와 같다.

"가치 있는 것들을 끊임없이 나누었더니 여기까지 왔더라"

정말이다. 나는 세상이 필요로 하고 가치 있는 것들을 끊임없이 나누었다. 그럴 때마다 나와 함께해주는 귀한 인연들이 하나둘 생겨나기 시작했다. 가치 있는 것을 주는 것과 동시에 우리가 함께 성장할 수 있도록 실질적으로 많은 모임과 연구를 하며 실행했다. 내 모임에 오셨던 분들은 많은 성장을 했다. 심적으로 힘들어하셨던 분들, 공황장애, 우울증, 무기력증에서부터 자기에 대한 한계를 느끼고 포기했던 사람들까지 한분 한분 좋은 성장이 일어나기 시작했다. 실제로 한 사람 한 사람 성장하다 보니 나는 '감사하다, 고맙다'라는 이야기를 주변 사람들한테서 듣게 되었다. 이렇게 결과를 얻을 수 있던 이유는 중간에 포기하지 않고 할 수 있다는 응원을 계속 주었기 때문이다. 내가 원하는 한 단락의 끝자락이 올 때까지 끊임없이 무언가를 주는 연습을 했다. 받는 것은 잊고 오로지 주는 연습만을 했다.

주다 보니 어느 순간 주는 기쁨과 행복을 깨닫게 된 것이기도 했다. 이를 통해 유료 모임을 직접 열었을 때 실질적으로 좋은 결과가 있었고 감사하게도 오랫동안 함께 모임을 참여해 주시는 분들이 계신다.

내가 가진 무언가를 함께 나누고 주는 기쁨이 있다 보니 감사하는 마음이 저절로 올라왔다. 내가 가진 무언가를 사람들과 함께 나눌 수 있던 이유는 기존에 이미 성공한 사람들의 업적과 기록 덕분이라 생각한다. 자기계발서나 퍼스널 브랜딩, 블로그 글쓰기, 투자로 성공한 사람들의 책과 강의 등을 통해 나는 여기까지 올라온 것이다. 이뿐만이 아니다. 지금 내 모임이 유지될 수 있는 이유는 나의 모임을 함께 해주시는 분들 덕분이다. 감사하게도 나는 지금 나를 응원해 주고 지지해 주시는 분들 덕분에 살아간다. 그분들에게 실질적으로 도움이 될 수 있는 것들이 무엇인지 생각하면서 모임을 이어나가는 중이다. 나눔을 했더니 함께 성장이 일어났고, 서로가 감사하는 순간이 찾아왔다. 서로가 감사한 마음을 가지다 보니 감사한 마음은 시너지가 되어 더 많은 성과가 계속 이어지게끔 되었다.

작년 가을과 겨울 사이 나의 온라인 무료 글쓰기 특강 3가지를 전부 참여해 주셨던 C 님이 계신다. 이후 무료 글쓰기 피드백을 통해 개인 피드백도 함께 멘탈 성장도 이야기를 드렸다. 그 이후 나는 겨울에 영성 모임을 열었고, 부자의 돈그릇 모임을 열었는데 C 님은 어떤 모임인지 모르고 1년 멤버십 모임을 참여해 주셨다고 이야기하셨다. 모임에 들어오시고 나신 뒤 많은 변화가 생겨나기 시작했다. 가장 큰 변화는 마인드 셋의 변화다. 방탄렌즈의 가장 큰 무기인 강철 멘탈이 만들어지셨고, 지금은 C 님이 원하는 것들을 마음껏 상상하고 원하는 대로 펼치는 모습을 보게 되었다.

한편으로 나에게 있어서도 모든 것들이 처음이었기에 많은 사람들과 모임을 하며 경험치를 점점 쌓아나갔다. 그렇게 모임을 한 뒤, 피드백을 들어보면서 나는 모임 스터디를 점점 진화하고 발전시켜 나갔다.

오늘부터 내가 당장 나눌 수 있는 가치는 무엇이 있을까? 빈 종이에 적어 그동안 내가 살아오며 쌓았던 경험들과 배움들을 적어보자. 타인에게 아낌없는 친절과 호의를 베풀며 선한 행동을 하는 일의 가장 큰 수혜자는 돌고 돌아 나에게 돌아온다. 내가 있는 무언가를 꾸준히 계속 베풀고 나누어보자. 즉각적인 대가로 돌아오지 않는 경우가 많다. 대가나 보답을 바라지 않고 하는 선행은 훗날 몇 배, 몇십 배를 한 번에

되받는 경우가 많다. 성공의 사다리 꼭대기에 오르는 사람이 결국엔 베푸는 사람이 될 수밖에 없는 이유는 주변에 좋은 일과 좋은 기회, 좋은 인연이 다시 돌아오기 때문이다.

◆

끊임없이 무언가를
창조하는 힘을 기를 것

만약 나에게 매일 글 쓰는 힘이 어디서 나왔냐고 물어본다면 내가 숨 쉬고 밥 먹는 것과 비슷한 삶의 일부분으로 넣어놨기 때문이라 말하고 싶다. 글을 쓰다 보면 내가 하고 싶은 것들, 원하는 삶들이 떠오르고 그것이 자연스레 글로 적힌다. 하루에 한 번 내 생각을 들여다보는 글을 쓴 지 2년 반이 흘렀다. 그렇게 하다 보니 실제로 나는 글을 쓰면서 내가 원하는 삶을 창조하게 되었다. 아침마다 내 생각을 하루에 한 번 글로 적고 말하는 것을 여러 번 반복했다. 끊임없이 하다 보니 2022년, 2023년 내가 하고 싶었던 것들을 모두 하나하나씩 현실로 창조해 냈다. 여기서 중요한 비밀 하나가 있다. 나는 밤에 잠들기 전 나에게 주문을 외우고 잔다. 또는 시시때때로 나 스스로에게 틈이 날 때마다 그때 맞는 질문을 던진다. 아침에도, 점심에도, 저녁에도, 잠이 들기 전에도 고민이 생길 때마다 나 스스로에게 물어보고 질문한다. 내가 끊임없이 무언가를 창조하는 힘은 글쓰기가 삶의 일부가 되어 질문을 끊임없이 했기 때문이다. 특히 내가 가장 많이 물어보는 질문은 아래와 같다.

"어떻게 하면 무한히 풍요로워질 수 있을까? 어떻게 해야 글쓰기로 무한히 성장할 수 있을까?"

위와 같은 질문을 사용하는 이유는 우리 뇌에 있는 무의식의 결정적인 기능을 사용하기 위함이다. 나 스스로에게 질문을 던지면 뇌는 그 질문에 대한 해답을 찾는다. 태어나서 자기에게 질문을 던져본 적이 몇 번이나 있는가? 최근에 자기 스스로에게 질문을 던져본 적이 있는가? 나에게 질문을 뾰족하게 잘 던지기만 해도 인생이 새롭게 창조되고 변한다.

인간의 무의식적인 뇌를 조작하는 방법을 배우면 내가 원하는 것을 얻을 수 있는 해답을 알려준다. 우리의 뇌 중 망상 활성화 신경 체계 (Reticular activating system)는 현재 처한 환경에서 비롯되는 모든 감각 내용을 검색하여 내가 질문한 것과 특별히 중요한 것이 있으면 이런 것이 나에게 있다고 알려준다. 예를 들면 이러한 것이다. 최근 나의 지인이 나에게 눈 밑 지방제거와 다크써클이 심하다고 이야기하며 다크써

클을 제거하는 성형수술을 하라고 이야기 해준 적이 있다. 그때부터 나는 길을 걷다 보면 나도 모르게 성형외과 광고와 유명한 성형외과가 내 눈에 보이기 시작한다. 예전에는 전혀 보지 못했다. 그때 알았다. 우리는 눈으로 모든 세상을 온전히 바라보고 산다고 착각하지만 실은 복잡하고 바쁜 세상에서 모든 것을 볼 수가 없기에 목표와 관심사라는 필터를 통해 여과된 세상만 바라보며 산다는 것을. 내가 보고 싶은 것과 볼 수 있는 것 만 할 수 있게 해주는 것이 바로 뇌의 망상 활성화 신경 체계(RAS)다. 내가 원하는 창조의 무언가를 무의식 속에 각인시켜 두자. 어느 순간 나의 몸이 움직이게 되어 원하는 현실을 창조할 수 있게 도와준다.

그런데 나의 질문에 대한 해답을 창조할 때 문제가 생길 수도 있다. RAS를 긍정적인 정보에 초점을 맞출 수 있도록 반드시 프로그래밍해야 한다. 원래 인간의 RAS는 부정적으로 진화해 왔기 때문이다. 인류는 원시시대에 맹수나 천재지변 등으로 인해 생명의 위협을 받아왔다. 그 결과 우리 두뇌의 초점은 대부분 생존에 맞춰져 있고 우리의 몸은 여전히 원시시대의 몸을 유지하고 있다.

분명 원시시대에는 이렇게 맞추어져 있는 것이 옳았지만 지금은 다르다. RAS가 내가 진정으로 원하는 것으로 찾도록 프로그래밍 되어있지 않다면 아무리 부지런하게 어떤 목표를 쫓는다 해도 그 목표를 쫓는데 도움이 될 수 있는 모든 자원을 그냥 통과하게 하거나 부정적인 것으로 인식하게 한다. 더 큰 원인은 RAS에 내가 원하는 것이 아닌 원치 않는 것을 프로그래밍 해놓았다면 RAS는 원하지 않는 것을 계속 포착하여 의식에 밀어 넣게 될 것이다. 대부분 사람은 부정적인 방식으로 목표를 설정하는데 이를 한번 점검해 보자. 예를 들면 "나는 혼자 슬프고 외롭게 삶고 싶지 않아"와 "나는 내 주변에 좋은 사람들로 가득 채워졌으면 좋겠어"와 같은 두 개의 문장은 같은 내용이지만 하나는 원치 않는 것으로 목표를 두었고, 하나는 원하는 것으로 목표를 두었다. 여러분이 창조하는 것은 원하는 것으로 이야기하고 있는지, 원치 않는 것으로 이야기하고 있는지 한번 점검해 보자.

나는 오늘도 책을 읽고 공부하면서 틈틈이 나 자신에게 내가 원하는 삶에 대해 끊임없이 질문했다. '지금 내가 사는 이 삶이 만족스러운 삶인가? 나는 스스로 잘살고 있다고 생각하는가? 이 삶이 내가 진정으로 생각해 왔던 삶인가? 나는 앞으로 어떤 삶을 살고 싶은가?' 등 나 스스로 내 삶에 질문을 던지고 글을 쓰며 2년 동안 살아왔다. 무엇보다 글을 쓰며 성장을 하고 싶었다. 글쓰기 하나로 세상을 변화시키고 바꾸고 싶다는 생각을 계속했다. 그렇게 하려면 어떻게 해야 하는지 나는 나에게 계속 물어보았다. 내가 원하고 바라는 해답을 현실로 실현하기 위해 계속 창조적인 활동을 이어갔다. 릭 루빈의 ≪창조적 행위≫에서는 인간의 창조성에 대해 다음과 같이 말하고 있다.

"전통적인 예술 분야에 종사하지 않는 사람은 스스로를 예술가라고 부르기가 망설여질 것이다. 어쩌면 창의성을 대단히 특별한, 자기 능력 밖의 무언가로 여기고 있을 수도 있다. 타고난 특별한 소수를 위한 길이라고 말이다. 하지만 다행스럽게도 잘못된 생각이다. 창의성은 결코 드문 능력이 아니다. 창의성에 접근하는 것은 전혀 어렵지 않다. 그것은 인간의 기본적인 측면이다. 인간의 생득권이다. 누구나 활용할 수 있다.

창의성은 꼭 예술 작품을 만드는 것하고만 관련 있지는 않다. 사람은 누구나 매일 창의적인 행위에 개입하면서 살아간다. 창조한다는 것은 이전에 존재하지 않았던 무언가를 만들어낸다는 뜻이다. 대화가 될 수 있고, 문제의 해결책이 될 수도 있고, 친구에게 쓴 메모가 될 수도 있다. 방 안의 가구를 재 배치하는 것도, 교통체증을 피해 새로운 퇴근길을 알아내는 것도 전부 다 창조다."

우리는 오늘도 창조하며 산다. 눈을 뜨고 아침밥으로 무엇을 먹을 건지, 어떤 옷을 입을건지, 오늘 누구와 만나 어떤 이야기를 할 것인지, 모든 것이 창조적이다. 그러므로 우리의 삶을 예술 작품과 같은 창조적 삶으로 살겠다고 한다면 모든 것에 창의적인 힘이 불어져 나올 것이다. 같은 하늘 아래 나와 같은 모습을 하고, 같은 인생으로 사는 사람은 오로지 나 하나뿐이다. 스스로 창의적이지 못하다고 생각하면 스스로 많은 일이나 기회를 놓치고 살 가능성이 높다. 여기서 꼭 중요한 건 남의 시선을 의식하지 않는 것이 우선시되어야 한다. 내가 원하는 목표와 비전을 남의 시선과 기대에 맞추지 말고 나의 시선, 나의 기대에 맞추는 것이 중요하다. 내가 원하는 삶을 맞추어야 한다. 실제로 나는 블로그에 아래와 같은 글을 적었고, 이를 2년 만에 이루었다.

"나는 곧 죽어도 나만의 아지트를 만들어 멘탈 코칭, 예술과 문화, 책을 즐기는 살롱 모임을 만들어야지.
내가 생각하는 살롱은 예술과 인문학 등 앎에서 직접 체험까지 해보는 앎으로(공연장을 가보면 좋겠다), 멘탈 강화모임, 돈이야기만 죽어라 하는 모임들을 해보고 싶은 마음이 있다."

글을 쓰다 보면 그냥 내 기분이 좋고 즐겁다. 이건 분명 창조할 때만이 느낄 수 있는 행복감이다. 책을 읽다가 내 생각과 마음을 글로 표현하고 이를 직접 실행하여 하나의 결과물을 만드는 창조성이 얼마나 멋진 일인지 더 많이 깨닫는 요즘이다. 그렇다고 하여 24시간 내내 기쁘진 않다. 그러나 2년 내내 울고 질질 짜고 힘든 가운데서도 나만이 느낄 수 있는 행복과 기쁨이 분명히 있다. 글을 쓰다 보니 머릿속에 꽉 차오르는 상상과 아이디어를 현실로 구현해서 창조하고 싶은 마음이 커졌다.

사람들은 대개 창조하는 능력을 예술가들만이 할 수 있는 능력이라 생각한다. 어쩌면 창의성이라는 것이 대단히 특별한, 자기 능력 밖의 무언가라 여길 수도 있다. 타고난 소수만이 할 수 있는 것이라고 단정 짓기도 한다. 그러나 이는 잘못된 생각이다. 창조하는 힘은 결코 드문 능력이 아니다. 그것은 인간의 기본적인 본능이자 생득권이다. 우리는 매일 창의적인 행위에 개입하며 살아가고 있다. 오늘 내가 어떤 옷을 입을지, 누구를 만나 어떤 대화를 나눌지, 내 앞에 놓인 문제를 어떻게 해결해 나갈지, 오늘 요리는 무얼 할지, 방안의 정리와 인테리어는 어떻게 할지 등, 이 모든 것들이 전부 창조다.

◆

결국엔
나다움이다

살다 보면 나도 모르게 강한 끌림이 일어나는 사람들이 있다. 이유는 모르겠지만 가까이 하고 싶고, 오랫동안 함께 있고 싶은 사람. 그런 사람과 함께 있으면 나도 모르게 기분이 좋아진다. 끌림이 있던 사람들을 유심히 관찰하면 자기만의 고유한 매력이 있는 사람들이다. 이런 사람들과 대화를 나누다 보면 내 마음속에 있던 근심 걱정도 사라지고, 없던 긍정마저 샘솟는다. 오랫동안 관계를 유지하다 보면 신뢰감도 저절로 생기고, 그 사람이 하는 결정은 늘 함께 응원해 주고 싶다.

강한 끌림이 있는 사람들의 특징은 무엇일까? 블로그를 통해 1천 명이 넘는 사람들과 퍼스널 브랜딩 블로거, 유튜버, 인플루언서 등의 특징이 무엇인지 관찰하였다. 약 2년 정도 관찰해 보니 그들만의 공통점이 있었다. 바로 '나다움', 나답게 사는 사람이었다. 나다움이란 무엇일까? 예전보다 많은 사람들이 나답게 살아야 한다고 이야기하지만 정작 우리는 아침부터 눈을 뜨자마자 남의 글을 본다. 스마트폰을 열자마자 남의 이야기에 집중하고, 남의 소식이 있는 뉴스를 본다. 나에게는 단 한 번도 집중해 본 적 없이 하루 종일 남의 이야기만 보는 사람이 '나다움'을 이야기한다면 그 사람에게 메시지의 힘이 느껴질까? 진정한 메시지의 힘이 있는 사람들은 '남달라'라고 이야기가 나오는 사람들이다.

남다르게 사는 사람들의 글은 나도 모르게 자발적으로 콘텐츠를 소비하게 된다. 생각부터 남다르니 역시 그들의 생각을 통해 세상을 조금 더 넓게 바라보는 시야를 확보할 수 있기 때문이다. 누가 강요하지 않아도 저절로 읽히게 되는 사람들의 글은 굳이 댓글 달지 않고 '좋아요'를 누르지 않아도 생각날 때마다 그 사람의 글을 나도 모르게 읽는다.

✦

나다움이 시작되려면 어떻게 해야 할까? 나다움의 첫 시작은 자유로움이다. 그 자유에는 비교로부터 자유로운 글이어야 한다. 나는 글을 쓰면서 점점 비교로부터 자유로워졌고, 그중에서도 돈으로부터 자유로워졌다. 돈으로부터 자유로우면 내가 얼마를 가졌든 현재의 나는 오늘부터 부자와 같은 마음으로 삶을 살 수 있다. 부의 기준도 상대적이기 때문이다. 우리는 얼마 정도 있어야 과연 행복할까? 세상이 말하는 부의 기준이 정말 정답이고, 세상이 정해 준 부자가 가진 돈의 기준은 얼마인가? 내가 찾아보니 딱히 얼마의 기준이라 정해져 있지않다. 모든 것은 상대적이다. 그래서 나는 나 스스로에게 물어본다. 순자산 10억만으로도 나는 이미 부자라 생각한다. 10억이든 100억이든 1,000억이든 1조든 미래의 내 마음가짐과 오늘 내 마음가짐이 같고, 지금과 같이 누리는 행복이란 감정도 똑같을 것이기 때문이다.

전 세계적인 부자가 된다고 해도 오늘과 같은 나의 마음은 변함이 없을 것이다. 그렇기에 나는 이미 정신적으로는 세계적인 부자의 마음과 같다고 생각하며 산다. 상상은 자유가 아닌가? 마음껏 내가 원하는 것을 머릿속에서 펼치며 살아보는 여러분이 되길 희망한다. 그러므로 브랜딩 글쓰기를 하는 여러분들에게 가장 강조하고 싶은 것은 돈으로부터 자유로워졌으면 한다는 것이다. 이서윤의 《더 해빙》에 나오는 우화 이야기를 보며 우리는 타인과 나를 얼마나 많이 비교하는지 어림잡아 짐작해 볼 수 있다.

"어떤 사람이 여러 종류의 꽃과 나무를 정원에 심었다. 열심히 물을 주고 정성을 다해 가꾸었지만, 시간이 지나도 꽃이 피지 않았다. 시들어가는 꽃과 나무에 정원의 주인이 물었다.

'너희는 왜 이렇게 시들어가니?' 은행나무가 말했다. '소나무처럼 기품이 없기 때문입니다' 소나무도 힘없이 대답했다. '저도 자신이 없어요. 사과나무처럼 맛있는 열매를 맺을 수 없잖아요.' 사과나무도 지지 않고 거들었다. '저는 해바라기처럼 크고 아름다운 꽃을 피울 수 없어요' 그때였다. 축 늘어진 나무들 사이로 꽃을 피운 들꽃 하나가 보였다. 주인이 물었다. '모두가 시들어가는데 너만 아름다운 꽃을 피웠구나. 비결이 뭐니?' 들꽃이 살포시 웃으며 답했다. '저에게는 작고 소박한 멋이 있답니다. 이런 멋이 사람들에게 기쁨을 준다는 것도 알고 있지요. 이런 제 모습이 사랑스럽고 좋아요. 예쁜 꽃을 피울 수 있어서 저는 너무 행복하답니다.'

들꽃은 자기 자신으로 사는 기쁨과 행복을 온전히 느낀 것이다. 다른 식물이 시들어갈 동안 혼자 꽃을 피운 비결은 거기에 있었다."

남들로부터 비교가 자유로워지면 '나 자신을 사랑하는 사람' 즉 자기애가 깊은 사람들이 된다. 나 자신을 사랑하는 사람은 자기에게 만족하고 있기에 자신을 과장해서 과시할 필요를 느끼지 못한다. 교만하지 않으면서도 자신감이 넘치는 당당함이 있다 보니 주변 사람들도 덩달아 기분이 좋아진다. 자기를 사랑하게 되면 자신의 강점에 집중하는 글쓰기를 오롯이 할 수 있다. 내가 가진 강점을 토대로 내가 가장 잘하는 것에 더 집중하여 나만의 색과 정체성을 찾아가는 글 속에 나다움이 나온다. 대부분 사람은 자신의 약점과 단점을 보완한다. 그러나 나는 오로지 내가 가진 강점과 능력에 집중했다. 이 책을 보는 여러분들은 앞으로 나의 약점이나 부정적인 것보다는 강점과 능력을 더 집중하여 확장 시키길 바란다. 지금 종이와 펜을 들어 강점과 능력(자질, 태도, 마인드) 3가지를 충분히 생각하여 적어보길 바란다. 바로 들어서 실천해야 한다. 이 부분이 완성되는데 시간이 다소 들 것이다. 1~2주 천천히 생각해 보며 자신의 강점과 능력을 생각해 보자.

나의 강점은 3가지가 있다. 첫째, 나는 실패해도 계속 도전한다. 회복탄력성이 높은 편이라 고난과 역경 속에서도 다시 이를 박차고 나가는 힘이 있다. 두 번째, 강철 멘탈이다. 여태껏 내가 여기까지 살아온 이유는 전부 마인드 하나 덕분이었다. 어찌 보면 이것이 전부일지도 모른다. 언제나 나는 내가 가진 긍정의 에너지를 진심 있게 글로 전달하고자 했다. 내 스스로의 정신력 긍정성은 우주 최고라 자부한다. 셋째, 실행력이 빠르다. 긍정의 에너지가 너무 많아 내가 가진 에너지는 때론 글자를 넘어 함께 실행하고자 하는 모임의 에너지를 끊임없이 만들어가고 있었다. 그래서 2년이 넘는 지금도 재능기부 모임을 여전히 유지할 때도 있다. 내가 가진 3가지 능력은 몰입하는 능력, 텍스트를 읽고 해석하는 능력, 가르치고 상담하는 능력이 탁월한 편이다.

나는 오늘도 매일 묻는다. 내가 말하는 나다움이 남다움인지 남의 욕망은 아닌지, 남 보기에 좋아 보이는 것이 아닌지. 나다움은 세상의 모든 것으로부터 자유로워져 나에게 집중하는 것이다. 때론 구석에 있는 초라한 나 자신도 마주할 줄 알아야 하고 모든 걸 수용하는 것으로부터 출발해 보자. 그럴수록 나는 세상의 비교로부터 자유로워질 테니. 남이 가지지 못한 나만의 특별한 강점, 능력을 세상과 나누어보자. 그것을 나누다 보면 진정으로 행복하고 즐거운 삶이 눈앞에 펼쳐질 것이다.

브랜딩 탐구를 위한 질문
나만의 브랜딩 핵심 가치 찾기

1. 여러분만의 핵심 가치는 무엇일까?
   나는 브랜딩을 하며 어떤 핵심 가치를 함께 가지고 가고 싶은가?

2. 내가 퍼스널 브랜딩을 하면서 즐거움과 기쁨을 느꼈던 순간이
   있다면 무엇이 있을까? 또는 보람 있던 순간이 있다면 그것은
   무엇일까?

3. 나는 이 세상을 사랑하는가? 나는 내 주변 사람들에게 보이지 않는
   사랑과 긍정의 에너지를 전달해 주고 있는가?

4   나는 다수들이 하는 퍼스널 브랜딩 방향을 쫓아가고 있는가?
     나만의 고유한 남다른 생각을 고수하며 나아가고 있는가?

5   나는 아이디어를 적어놓고 이를 퍼스널 브랜딩 글쓰기에 접목하며
     나아가고 있는가?

     나는 나답게 글을 쓰고 있다고 생각하는가?
     타인과 주변의 시선을 의식하거나 비교하며 글을 쓰고 있는가?

CHAPTER 5

지속 성장하는
퍼스널 브랜드의 비밀

질문을 계속 하면서
나를 기록하고
적어가는
과정의 시간이
필요하다

나만의 원칙을
준수한다

온라인 글쓰기를 시작한 지 2년이 조금 넘었다. 글쓰기를 시작했을 때 언제까지 글쓰기를 할지도 모르고 무작정 덜컥 시작해서였을까? 아니면 글을 쓰고 깨달았던 덕분일까? 중고등학교 시험도 그랬고, 수능시험도 그랬고, 아기를 낳아 출산했을 때처럼 모든 것에는 내가 매듭이나 끝을 마무리하는 유효기간과 같은 시간이 존재한다. 그러나 브랜딩 글쓰기의 유효기간이란 평상시 내가 아는 매듭의 시간과는 전혀 다른 것임을 깨달았다. 한마디로 퍼스널 브랜드는 내가 눈을 감는 순간까지 행위의 반복을 계속 지속해야 하는 '데스게임'과 같은 것이다. 글쓰기를 멈추는 순간 브랜딩은 유효기간으로 존재한다.

그래서 브랜딩 원칙 중 가장 중요한 원칙 한가지는 멈추지 않는다는 것이다. 멈추지 않는다는 것이 매일 꾸준히 글을 쓰라는 뜻은 아니다. 나의 마음가짐과 태도의 문제와 가깝다. 내가 퍼스널 브랜드로 구축되는 그날이 올 때까지 글을 계속 쓴다는 마음가짐과 태도를 가지라는 이야기다. 나만의 퍼스널 브랜딩으로 어느 정도 인정받는 순간이 올 때까지 끝까지 한다는 이야기다. 잠시 생각해 보자. 지금 내가 쓰고 있는 모든 브랜드의 상품 또는 죽은 후 자기 이름을 남긴 사람들은 결코 한순간에, 단기간에 이루어진 사람들이 아니다. 그들은 죽기 전까지 끝없는 실패를 반복하며 똑같은 실패를 반복하지 않기 위해 자신의 꿈을 멈추지 않은 사람들이다. 멈추지 않는다는 것은 포기를 하지 않겠다는 마음과도 같다. 나는 포기만 하지 않는다면 누구든지 퍼스널 브랜딩 블로거로 성장할 수 있다고 말하고 싶다.

블로그 글쓰기를 통한 브랜딩을 하려면 꾸준히 써 내려가야 한다. 나는 2년 동안 별일이 없으면 꾸준히 1일 1 포스팅을 했었고, 요즘도 특별한 일이 없으면 그렇게 하고 있다. 나와 비슷하게 블로그 글쓰기를 시작했던 2년 전의 사람들은 대부분 하나둘 사라지고 어느덧 소수만 남았다. 글을 쓰다 멈춘 사람들은 왜 그만두었을까? 나는 2년 동안 홀로 그 물음을 끊임없이 하며, 블로그 글쓰기를 그만둔 사람들의 블로그를 찾아다녔다. 그리고 그들의 포스팅을 모조리 다 읽어보았다. 왜 이 사람들이 글쓰기를 멈추게 되었는가에 대한 궁금증이 생겨 이에 대해 파고들었다.

　대부분 우리 사회는 스포트라이트처럼 빛나는 사람의 삶만을 비추지만, 오히려 나는 반대로 실패한 사람들의 이야기를 통해 더 많이 배우고 깨달음을 얻어야 한다고 본다. 시중에 나와 있는 책은 전부 성공한 사람의 이야기, 성공한 사람의 스토리다. 그런데 그 성공한 사람의 이야기와 달리 실패를 막 눈앞에 두거나 또는 실패를 여러 번 겪어 자존감이 내려간 사람들은 성공담의 이야기와 자기의 삶에 많은 괴리감이 있지 않을까? 그런 생각을 하다 보니 나는 2년 동안 내 모임에 오셨다가 어떤 목표를 도중에 포기하거나 나간 사람들이 어떤 이야기와 생각을 담고 사는지, 또는 블로그를 중간에 멈춘 사람들은 어떤 생각으로 인하여 글쓰기를 멈추게 되었는지를 연구했다. 또는 작가가 되거나 글쓰기로 성공하고 싶은데 그 앞을 나아가지 못하고 주저하는 사람들의 글도 계속해서 관찰했다. 그러던 중 내가 깨달은 사실은 대다수 사람들이 자신이 원하는 퍼스널 브랜딩에 성공할 수 없을 것이란 의심과 같은 부정적인 생각의 믿음이 컸다는 것을 깨달았다. 그래서 내가 이야기하고 싶은 두 번째 원칙은 긍정적이고 낙관적인 태도를 항상 가져야 한다는 것이다. 많은 사람들이 그럴 것이다. 머리로는 이해하는데 마음으로는 그러지 못한다는 것을. 이쯤에서 나의 이야기를 조금 들려주고 싶다.

　지난 2년 동안 온라인 플랫폼에 글을 써 내려가면서 내 현실 상황은 직접 눈에 보이는 것과 달리 어려운 상황들을 자주 마주했다. 내가 블로그에 글을 쓴다고 하니 나의 블로그 글쓰기를 가장 먼저 반대했던 사람은 나의 가족들이었다. 돈도 되지 않는 것을 왜 붙잡고 그리하고 있느냐며 부모님과 남편으로부터, 때로는 가까운 친구로부터 2년 가까이 끊임없는 비난과 질타를 많이 받았다. 아이를 돌보는 엄마인데 엄마 역할은 제대로 하지 않는다며 엄청난 꾸짖음을 아버지한테서 듣기도 했다. 그런데도 나는 내가 하는 온라인 글쓰기를 포기하고 싶지 않았다. 그만큼 글쓰기에 나의 모든 것을 전부 할애하는 시간을 보내기도 했다. 왜 그렇게까지 했냐고 물어본다면, 정말 좋아하거나 사랑하는 무언가를 여러분도 만나보게 되면 알 것으로 생각한다. 글쓰기라는 것이 나에게 있어서 사랑하는 하나의 대상처럼 다가왔기 때문이다.

물론 처음부터 글쓰기를 좋아했던 것은 아니다. 시작은 고통의 글쓰기에서 시작했고 조금씩 조금씩 그 고통의 문제를 해결하는 과정에서 해방감을 맛보기 시작하며 글쓰기를 사랑하게 되었다. 그동안 나라는 사람의 정체성에는 이미 쓰는 사람이라는 것이 각인되어 있었는지도 모른다. 엄마이기 전에, 아내이기 전에, 나는 나라는 사람의 정체성을 먼저 찾고 싶다는 나만의 이기심이 가득했을지도. 2019년 브런치에 글을 쓰다가 남편의 반대에 부딪혀 글 쓰는 것을 멈춘 적이 있었는데, 이번에는 포기하고 싶지 않았다. 나의 꿈과 내가 이루고 싶은 무언가를 끊임없이 상상하며 하루하루 글을 쓰고 나아갔다. 그러다 보니 참 감사하게도 부모님과 남편 모두가 나의 열정과 꿈을 인정해 주고 도와주는 순간까지 오게 되었다. 나의 절실하고 간절한 마음이 부모님과 남편에게 닿았겠다고 생각한다. 그러니 지금 눈앞에 펼쳐진 힘든 상황에서도 쓰는 삶을 절대로 포기하지 말고 긍정적으로 나아가길 바란다.

여기서 세 번째 중요한 원칙이 있다. 내가 하고 있는 중요한 작업과 생각을 온라인 상에 공개적으로 기록하고 알려야 한다. 내가 하고있는 중요한 작업이나 행동을 숨기기 보다는 공개적으로 세상에 알려보는 연습을 자주해야 한다. 자신을 드러내는 것이 불안하거나 걱정되는 것들이 있겠지만 실제로는 생각보다 그리 위험하지 않다. 안심되는 이야기를 하나 하자면 사람은 본래 자기 자신에게만 관심이 있고 타인에겐 그리 관심이 많지 않다는 거다. 단지 자기에게 필요한 이야기를 찾아서 볼 뿐이다. 그러니 여러분은 타인에게 필요한 이야기와 생각 등을 조금 더 드러내어 보여주면 된다. 아낌없는 마음이 담긴 작업활동이 글로 펼쳐지면 사람들을 그것에 끌려한다. 나는 내가 하는 작업과 스터디 활동을 사진을 포함하여 공개했다. 나의 블로그에 찾아와주는 사람들이 볼 수 있도록 말이다.

대부분 사람들은 수익화를 실현하고 싶어하지만 자기 자신을 장사해야 한다는 점에 불편함과 거부감이 있다. 한번도 장사를 해본 적이 없는 경우일수록 더 그렇다. 사람들은 온라인 글쓰기를 통해 돈을 받는 것에 대해 추잡하다고 생각하거나 홍보하는 것처럼 보일까 봐 두려워할 수도 있다. 나를 드러내거나 홍보하는 것은 피해야 할 대상이 아니다. 이는 퍼스널 브랜드화 하는데 있어 꼭 필요하다. 실제로 수익화를 이루어내는 사람과 그렇지 못하는 사람의 차이는 여기에서 벌어졌다.

대부분은 언제까지 글을 써야 하는지 모른 체 그 끝을 모르다 보니 계속 글을 쓰다 각자만의 이유로 인하여 지쳤던 것이 클 거로 생각된다. 그래서 나는 블로그 글을 쓰며 나만의 비밀 원칙 한 가지를 더 생각해 냈다. 그 원칙을 생각해 낸 이유는 나 스스로 지치지 않고 꾸준히 글을 쌓아가며 성장하는 사람으로 존재하기 위해서 만든 원칙으로 '무엇일까에 대한 질문'이다. 나 자신이 퍼스널 브랜딩을 해나가는 여정에서 포기하지 않고 나아가려면 어떻게 해야 하는지에 대한 물음을 토대로 만든 마지막 원칙들이다.

마지막 원칙은 기본적으로 단순하다. 바로 어떻게(HOW) 와, 왜(WHY), 무엇을(WHAT), 언제(WHEN)를 번갈아 가며 나에게 질문하는 것이다. 특히 이 질문은 내가 주로 무언가 도전하거나 시도하면서 실패를 경험할 때 질문을 던진다는 원칙이다. 여러분에게도 이 원칙을 한 번 적용해 보며 도움이 되길 바란다. 내가 포기하지 말아야 할 이유는 이 비밀의 원칙을 쓸 때마다 해결이 되었다.

정성과 온기가 담긴
시간의 축적

블로그 글을 쓴 지 고작 2년밖에 지나지 않았기에 내가 이번 장을 말하기엔 아직 이르다는 생각도 든다. 그런데도 내가 브랜딩을 통해 정성과 온기가 담긴 시간의 축적이라는 장을 자신 있게 이야기할 수 있는 이유는 지난 13년간 나의 교사 직업에서 최선을 다했던 덕분이라 말할 수 있겠다.

지금 내가 하는 퍼스널 브랜딩의 모든 행위는 학교에서 했던 일을 세상 밖으로 옮겨왔고, 그 대상이 중고등학생에서 성인으로 바뀌었을 뿐이다. 학교에서는 학생들의 잠재력을 발굴하는데 혼신의 힘을 다했다면, 블로그를 통해 어른들의 잠재력과 그들이 가진 강점을 발굴하는데 혼신의 힘을 다하고 있다. 그러니 오늘날 나 자신을 있게 해준 것은

13년간의 교사 업에 대한 시간의 축적이라 말하고 싶다.

나는 공무원 교사 일을 하며 살아왔지만, 그 시간 속에서 내가 가진 마인드는 결코 일반 평교사의 마인드는 아니었다. 첫째, 나는 공무원의 마인드로 일하며 살아오지 않았다. 단 한 번도 연금 받아 가며 편하게 살아가리라 생각해 본 적이 없다. 내 글을 보시고 적잖게 놀라실 수도 있으시겠지만, 나는 애초 신규 교사였을 때부터 노년에 공무원 연금을 받아 가며 노후를 편히 살 것이라는 선택지가 전혀 없었다. 노후의 나는 연금이 아닌 또 다른 무기가 필요했다. 그렇기 때문에 나의 머릿속은 항상 또 다른 무기를 연마할 생각뿐이었다. 그것은 일종의 자산과도 같은 것이다. 부동산이나 주식과 같은 자산이 아닌 늙어서도 평생 써먹을 수 있는 경험과 관계의 자산이다. 그렇기에 나는 세상 밖에 나와서도 내가 무슨 일을 하든지 바로 적용하여 투입될 수 있을 만큼의 경험자산을 나의 직장에서 쌓기 시작했다. 회사의 일을 나와 타인과의 발전이라 생각하며 일해왔다. 현재 당신이 회사에서 하는 일이 회사가 아닌 다른 곳에서도 가치가 있고, 의미 있는 일로 변화될 수 있는지 생각해 보면 좋겠다.

나는 남들이 하기 싫어하고 기피하는 업무를 오히려 더 많이 해왔다. 어찌 보면 비정규직 기간제 교사 일을 하면서 남들이 하기 싫어하는 기피 업무를 4년 내내 도맡아 해오며 일의 강도를 아무렇지 않게 견뎌내는 내면의 힘을 키운 덕에 오늘날의 내가 있었을지도 모르겠단 생각이 든다.

2009년부터 2023년까지 음악 교사로 지내왔지만, 나는 일반 교사에서 최선을 나하며 살아왔던 사람이라고 자신있게 말할 수 있다. 실제로는 교사 마인드를 뛰어넘는 생활을 해왔다. 눈에 보이는 월급만을 위해 일하는 교사가 아닌, 최소 월급의 3~4배 이상의 역량을 가진 사람이라며 스스로 최면을 걸고 일을 했다. 그 이유는 나는 대한민국 최고의 교사가 되는 것을 뛰어넘어 한때는 교육부 장관으로 일할 수도 있는 내 안의 가능성을 전부 열어두었기 때문이다. 그렇기 때문에 본래 3배의 월급을 뛰어넘어 월 1천을 버는 사람이라고 스스로에게 최면 걸며 하루하루를 지내왔다.

분명 현실에서는 그 돈이 보이지 않지만 내 마음의 믿음에는 나 스스로 내 몸값을 월 1천 연봉을 받는 교사라고 생각하며 살아왔다. 50대가 되었을 때, 교육부에서 교육부 장관을 할 수 있는 인재가 된 모습을 상상하며 일을 했다. 눈에 보이는 것과 달리 나는 10년 동안 매일매일 이런 생각을 했다.

"공무원이라 받는 월급이 한정되어 있지만, 그럼에도 불구하고 연봉상승률을 뛰어넘는 사람이 되려면 어떤 마인드와 행동을 해야 할까?"

때로는 교사지만 1인 기업가와 전문직을 갖춘 사람처럼 일하기도 했다. 그러다 보니 나는 교사 모두가 기피하는 일을 우선으로 받아 일하는 것이 내 몸에 습관으로 베어져 있었다.

　지금 생각해 보면 어떤 정신과 마음가짐으로 일해왔는지 모르겠으나, 어떠어떠한 일을 해야 한다고 말하기 전부터 나는 그 일들을 모두 끝내놓기도 했다. 대부분은 생활지도와 안전 업무를 어려워하고 힘들어하는데 나는 이를 자처하여 들어가기도 했다. 때로는 모두가 가장 기피하는 업무인 학폭 담당업무를 직접 해보며 오히려 몰랐던 행정 분야를 알아가기 위해 공부하는 시간을 가지기도 했다. 모두가 하기 싫어하고, 가장 힘들어하는 일을 내가 직접 자처하여 들어가기도 했다. 내가 이 학교에서 1인 기업, 1인 리더라는 생각이 있었기 때문이다.

　나는 모임에 와주시는 한 사람 한 사람에게 정성을 다하고 마음을 다한다. 나의 모임엔 언제나 진심과 사랑의 온기가 담겨 있다. 내가 리더라서 최고라고 생각하며 사람들에게 일방적으로 내가 아는 것들을 권위적으로 알리고 기를 세우지 않는다. 한 사람 한 사람의 인생과 삶 자체를 존중하고 고귀하게 생각한다. 그리고 그분들의 이야기에 더 많이 경청하고 듣기도 한다. 그 사람의 인생에는 내가 살아보지 못한 그들만의 지혜와 삶 자체의 고귀함이 담겨 있기 때문이다.

　모든 것은 한순간에 이루어지지 않는다. 무엇이든 지금 크고 대단하게 보이는 것들은 실상 보잘것없고 초라한 것들에서 시작되었다. 현재 잘나가는 글로벌 기업들도 마찬가지다. 우리가 잘 아는 일본 게임 회사인 닌텐도는 화투를 만드는 것으로 시작했고 구글, 애플, 디즈니의 시작은 작은 차고에서 시작했다. 스포츠 회사 나이키도 아르바이트하던 학생이 무겁고 불편한 미국 운동화 대신 일본 운동화를 수입하면서 시작되었다. 한국은 보통 자신이 사는 집을 첫 사무실로 삼는 경우가 많다.

퍼스널 브랜딩도 마찬가지다. 2022년 3월 나도 블로그를 시작했을 당시 그 누구도 나의 글을 읽어주지 않았던 시절이 있었다. 나의 블로그 역시 이웃 수도 초라하고 읽어주거나 공감해 주는 사람도 극히 적었다. 어떤 모임을 모집하더라도 모임이 전부 다 이루어지지 않던 경우도 있었다. 그랬던 나도 2년이 넘는 시간이 지나면서 사람들과 정성 있고 가치 있는 것들을 나누고 함께 성장하다 보니 저절로 브랜드로 성장했다. 무엇이든 그런거 같다. 한 번쯤은 내가 무언가를 시작했을 때 무라도 썰어야 하는 마음가짐. 최고가 된다는 것은 나 자신 자체가 최고인 순간으로 빛나는 그때를 위해서 최선을 다해야 하고, 최고가 되기 위해 그 시간 속에서 자기만의 글쓰기 몰입을 다 하는 경험이 필요하다는 것을.

최근엔 내가 가지고 있던 직장 본업을 나와서 그런지 몰라도 나는 늘 발칙하고 위대한 상상을 한다. 상상은 자유이기 때문이다. 현실에서 이루어 낼 수 없는 다양한 생각들이 머릿속에서 찰나에 스쳐 지나가는 순간, 나는 그 아이디어를 끈질기게 붙잡고 생각한다. 고작 2년이 조금 지난 시점이라 나는 아직 내가 가야 할 길이 여전히 있겠지만 매년 나의 변화된 모습이 기대된다. 정성 어린 애정과 관심을 가진 무언가는 시간이 흐를수록 그 가치가 더 빛날 것이다. 여러분의 브랜드도 시간이 축적되면 그렇게 변할 것이다.

미래의 청사진을
그려나가는 힘

2022년 나의 첫 블로그 대문 이름은 '그때그때 미래를 보는 지혜'였고, 첫 전자책 제목은 ≪미래를 보는 지혜, 방탄렌즈≫였다. 나는 미래라는 단어를 좋아하고 미래 사회가 어떻게 변화될지에 대한 관심이 많다.

그러던 어느 날 나에게 미래의 청사진을 그려 나가는 힘이 생겼다. 그 힘의 시작은 내가 하지 않았던 공부를 시작하게 되면서부터다. 물론 처음부터 그러진 않았다. 18살 고등학생 시절까지만 해도 공부를 썩 잘하지 못했음을 고백한다. 어쩌면 공부를 안 했다고 보는 것이 맞다. 이유는 간단하다. 그 당시의 나는 나의 삶 자체를 죽은 삶이라 생각하고 살아왔기 때문이다. 죽은 삶이란 내가 나를 포기한 삶이며, 나를 방치한 삶, 내 미래가 전혀 보이지 않는 삶이었다. 보통 나는 중고등학교 시절 집에 오면 초저녁부터 깊은 잠에 취해 있거나 TV가 뜨거워질 때까지 보거나 게임을 밤새워가며 했다. 나의 공부 실력이 점점 늘게 된 몇 가지 이유가 있다. 첫째, 내 인생의 분명한 목표와 이유가 생겼다. 내가 왜 공부를 해야만 하는지에 대한 이유와 목표를 생각하기 시작했다. 매일 더 이상 꿈이 없는 사람의 삶으로 살고 싶지 않았다. 두 번째, 내 생각을 전환했다. 내가 공부 못했던 것은 나의 머리가 나빠서 그랬던 것이 아니라 노력하지 않아서 그랬던 것이라고 생각의 사고를 전환했다. 셋째, 나의 주변 환경을 모두 바꾸어 나가기 시작했다. 불필요한 친구 관계와 노는 장소, 텔레비전을 멀리하고 책을 가까이하는 습관으로 전환했다. 넷째, 공부 머리가 될 수 있게 책을 읽고 필사하는 시간을 오랫동안 가져왔다. 대학교 교재 내용을 하나도 이해하지 못하여 대학교 시절 내내 교재 내용을 문장 그대로 계속 필사하며 살아왔다. 이를 포기하지 않고 꾸준히 실천해 갔더니 나의 미래를 그려 나가는 힘이 생겼다. 그건 바로 호기심과 상상력이었다.

아인슈타인도 상상력은 지식보다 중요하며 한 스푼의 상상력은 한 트럭의 지식보다 귀하다는 명언을 남길 만큼 꿈꾸는 미래를 현실로 만들어내는 힘은 상상하는 힘에서부터 나온다. 김승호 회장의 ≪김밥 파는 CEO≫에서는 상상력에 대해 다음과 같이 이야기하고 있다.

"만약 사업을 하면서 가장 필요한 재능이 무엇인가? 라고 묻는다면 나는 망설임 없이 '상상력'이라고 말할 것이다. 상상력은 모든 꿈의 시작이며 현실로 가기 위한 첫 번째 문이다. 모든 현실은 상상으로부터 시작된다. 다행스럽게도 상상에는 제한도 없고 비용도 필요 없다. 단지 상상할 수 있는 자유와 사고만 갖추면 된다. 상상할 수 있다는 것은 인간이 가진 위대한 재능 중 하나다. 인류의 모든 문명과 발전은 누군가의 상상으로부터 시작되었으며, 한 개인의 환경도 결국은 내 스스로의 상상의 전유물이다."

교사로 살아오며 미래 사회에 학생들이 필요한 역량들을 계속 연구하고, 이에 맞는 수업을 재구성하여 10년 동안 실행하다 보니 나도 모르게 미래 사회에 대한 안목이 생겨난듯하다. 나는 학생들을 가르칠 때 미래에 그들에게 필요한 역량이 무엇일지 생각하며 나만의 음악 수업을 디자인해 왔다. 이에 발맞춰 나 역시 미래의 흐름과 파도를 같이 나아가는 사람이 되기 위해 앞으로의 미래 사회는 어떻게 변할 것인지 궁금했다.

지난 10년간 학교에 있으면서 내가 가장 궁금해 왔던 것은 미래 사회였다. 나는 가만히 있어도 세상은 계속 발전되고 변화되어 흘러갔기 때문이다. 어릴 적 만 해도 우리는 유선 전화기에서 삐삐, 벽돌 휴대폰을 들고 다녔었다. 지금과 같은 스마트 폰이 나오리라고 그 누가 상상을 했겠는가? 공중파 TV 또한 마찬가지다. 인터넷 발달로 인하여 1인 미디어가 공중파의 위력을 파고들 만큼의 힘과 크기를 가지고 있지 않은가? 미래 사회는 변화되고 있기에 우리 역시 그 사회에 맞춰 자기만의 미래의 청사진을 그려 나가는 힘을 계속 키워야 한다. 세상에 주어진 다양한 기회 속에서 나는 어떠한 모습으로 성장할 것인지 생각했다. 자기 자신이 어떤 퍼스널 브랜딩의 모습으로 성장할지 끊임없이 생각하고 상상하며 그려 나가는 것은 중요하다.

나만의 미래의 청사진을 풍부하게 그려 나가는 힘은 항상 공부하는 배움의 자세를 갖는 것이다. 배움의 자세를 가져가는 중에 미래의 흐름을 읽으면서 그 미래에 나의 모습이 어떤 모습으로 펼쳐질지 생각하는 것이 중요하다. 끊임없이 배우는 자세를 갖는 것은 퍼스널 브랜딩도 마찬가지지만 자기만의 어느 전문영역에서 성공한 사람 또는 부자들이 항상 실천하는 중요한 방법이다.

여러분이 잘 알고 있는 유재석도 그냥 성공한 것이 아니다. 예전 KBS 해피 투게더 프로그램에서 아침 6시에 일어나 신문을 보고 바둑을 두고 운동 3시간, 영어와 한문을 공부한다고 고백했다. 워런 버핏은 경영학을 전공했지만, 항상 경영학 밖의 영역에도 호기심이 가득 차 있어 매일 일정 시간을 독서에 할애한다고 했다. 그는 물리학, 생물학, 심리학, 수학, 철학, 사회학 등을 읽어가며 세상의 흐름을 읽어나가고 그에 맞는 자기의 미래를 그려 나갔다. 그가 하루 최고로 많이 읽을 때는 500페이지를 읽었던 적도 있다고 한다. 버핏의 단짝인 찰리 멍거 역시 마찬가지다. 실제로 내가 끊임없이 공부하며 퍼스널 브랜딩으로 성장한 부분도 마찬가지다. 나 또한 보이지 않는 곳에서 퍼스널 브랜딩에 관한 책과 강의, 글쓰기, 트렌드를 모두 공부했다. 하루에 최소 3시간 정도 공부하며 깨달은 것은 퍼스널 브랜딩은 결국 내 꿈을 이루는 방법과도 같다는 것을 깨달았다.

유튜브에서 그림을 그리며 자신의 이야기를 설명하는 이연이란 사람의 퍼스널 브랜딩은 나에게 있어 꽤 인상깊다. 2021년 세계지식포럼에서 포럼을 연설할 때 그녀는 다음과 같이 말했다.

"저에게는 포럼이 꿈꾸던 미래를 현실로 만든 순간이에요. 이것을 현실로 만들 수 있었던 방법이 정말 단단하게 한 문장으로 하자면 이거였어요. 상상해 둔 내 미래를 대비하는 것. 그래서 지금 저를 만들기 위해서 제가 항상 스스로에게 했던 6가지 질문이 있는데요. 6가지 질문이라고 하면 육하원칙이에요."

이연은 자신의 브랜드와 콘텐츠를 성장시키는 방법으로 육하원칙의 질문들을 삶에서 어떻게 적용하는지에 대해 다음과 같이 설명했다.

1. 나는 누구인가? (정체성)

본명은 이연수. 막연히 자신이 언젠가 유명해질 거로 생각했음. 그래서 닉네임을 지을 때 친구들이나 친척들 등에게 낯설지 않고, 놀리지 않을 이름을 만들어야겠다고 생각함. 가장 솔직하고 가장 나다운 자기의 편한 이름으로 닉네임을 지음. 자신의 닉네임으로 꿈을 펼치는 사람이 되기로 결심함.

2. 무엇을 할 것인가?

자신의 닉네임으로 무엇을 할 것인지 고민함. 자신이 가장 멋있다고 생각하고 세상에 쓰일 수 있는 달걀의 노른자와 같은 부분을 보여주고 이러한 것들에 대해 이야기해야 한다고 생각.

3. 어떻게 할 것인가? (태도)

2번 부분의 노른자를 가지고 어떻게 할 것인지에 대한 태도를 정하는 것은 중요함. 자기가 죽어도 못하는 것은 빼고 잘할 수 있는 것만 생각하기. 세상에 잘 쓰일 수 있는 유용한 것들을 내놓는 태도를 자신이 가장 잘할 수 있다고 봄.

자기는 그림을 가장 잘 그리기에 그림을 선택함. 그리고 성실함과 프로다운 태도를 보이고 '이연'이라는 사람이 신뢰를 두고 노력해야 한다는 태도를 보임.

4. 어디서 할 것인가? (플랫폼)

사람마다 각자에게 맞는 플랫폼이 있음. 그리고 말을 잘하기 때문에 그림을 그리는 사람이 가지는 생각을 유튜브 영상으로 표현해 보자고 결심함.

자기를 보여주는 방식이 매우 중요한 부분임. 무명 시절의 이연은 그림만 잘 그렸던 사람이었으나 말을 잘했기 때문에 특별한 매력을 가진 사람이 됨. 자신에게 가장 잘 맞는 플랫폼의 환경이 매우 중요함을 깨달음. 플랫폼 환경을 결정할 때 자기가 곁에 두고 싶은 사람들이 어떤 사람들이었으면 좋겠는지 한 번쯤 생각해 볼 것.

이연은 그림 그리고 싶어하는 사람들을 곁에 모아두면 좋겠다고 생각하였음. (블로그는 글을 좋아하면서 자기가 곁에 두고 싶어 하는 사람들이 무엇을 좋아하는 사람인지 생각해 보면 좋겠음)

5. 언제 할 것인가? (타이밍)

위의 1~4번까지 다 완성했으나 시작하지 않으면 아무것도 일어나지 않음. 타이밍이 매우 중요함. 타이밍이라는 것은 내가 세상에 널리 알려져 유명해지는 순간임. 타이밍을 맞추는 방법 중 가장 중요한 것은 항상 예열해야 한다는 것. 예열한다는 것은 리듬과 주파수를 가지는 뜻임. 타이밍을 맞추는 방법은 다음과 같음. ①리듬을 끌어올린다. ②리듬을 유지한다. ③준비가 되었을 때 춤을 춘다.

6. 왜 하는가? (의미)

과거에는 그림을 그리는 친구들이 많았는데 경제적인 문제로 미술학원에 다니지 못하면서 그림을 관두었던 친구들이 점점 많아짐을 느낌. 그래서 자신이 배웠던 미술의 지식을 친구들에게 다시 알려줄 수 있다면 좋겠다는 마음으로 영상을 시작함. 즉, 그림을 그리는 친구들을 자기 곁으로 불러 모으게끔 만듦.

　여러분들도 육하원칙에 따라 나라는 사람의 브랜드를 어떻게 키워
나갈 것인지 한번 적어보면 좋겠다. 육하원칙의 청사진이 현실이 되는
그날까지 여러분을 온 맘 다해 응원하고싶다.

육하원칙의 청사진이
현실이 되는 그날까지

여러분을 온 맘 다해
응원하고싶다.

◆

모소 대나무와 같은
끈기와 인내의 정신

누구나 다 아는 이야기일지도 모르겠다. 너무나 뻔해서 이 내용은 어쩌면 시중에 있는 수많은 책 속에 있는 이야기인 바로 모소 대나무 이야기다.

중국 극동 지방에선 '모소'라는 이름을 가진 대나무가 있다. 이 대나무는 4년 동안 단 3cm만 자란다. 그렇게 아무런 움직임도 없이 모소 대나무는 그 자리를 굳건하게 지키고 있다. 그러나 5년이 되는 해부터 이 모소 대나무는 하루에 무려 30cm가 가 넘게 자라기 시작한다. 그렇게 하여 6주 만에 15m 이상 자라게 되고 주변은 빽빽해지며 울창한 대나무 숲이 된다. 6주 만에 급격한 속도로 성장한 것처럼 보이지만 실제 이 모소 대나무는 씨앗이 움트고 나서 4년 동안 수백 ㎡의 뿌리로 뻗친다고 한다. 그러니까 모소 대나무는 성장이 멈춘 것이 아니라 땅 속에서 깊고 단단하게 뿌리를 내리고 있었다.

실제로 퍼스널 브랜딩도 이와 같이 성장하게 된다. 브랜딩을 구축 하는 데에는 깊고 단단하게 뿌리를 내리는 시간이 필요하다. 내가 오늘날 종이책을 쓰기까지, 아마도 이 책이 세상에 나오는 순간은 약 2년 반 이상의 시간이 걸릴거로 생각한다. 그런데 막상 출간하는 시점을 보니 어느덧 3년이 되어간다. 브랜딩은 3년에서 5년 사이를 버텨야 한다. 나 역시 오늘도 하루하루 나의 브랜딩 블로그를 더 뿌리깊게 내리려고 노력하는 중이다.

브랜딩은 최소 3~5년을 버텨야 한다. 당장 성과가 눈에 보이지 않더라도 여러분의 노력이 매일매일 글로 쌓이다 보면 그 노력의 뿌리가 깊게 내리고 있다는 사실을 기억했으면 좋겠다. 그 뿌리가 울창한 숲이 되기까지 성장을 멈추지 않았으면 하는 마음이다. 대부분은 다음과 같은 마케팅 홍보 용어를 보고 많은 사람들이 퍼스널 브랜딩이나 온라인 부업, 셀링, 지식창업 등에 뛰어들곤 한다.

"일하지 않고 편하게 돈 벌 수 없을까?"

그런데 실제로 1년 뒤 살펴보면 90%가 온라인 시장을 던지고 본업으로 돌아간다. 위와 같은 문구는 매우 달콤하지만 실제로 수년간 브랜딩으로 모소 대나무와 같은 끈기와 인내의 정신을 가지고 견디었을 때나 가능한 이유라 생각한다. 무엇보다 위와 같은 문구는 내가 봐도 상당히 끌린다. 그렇기에 좋은 문장, 임팩트 문장을 쓸 줄 안다는 것은 온라인 시장에 있어서 축복이기도 하다.

온라인 브랜딩 글쓰기나 다양한 플랫폼에서 퍼스널 브랜딩을 시작한 지 얼마 되지 않았다고 한다면 이것만큼은 꼭 명심했으면 좋겠다. 현대의 온라인 미디어의 알고리즘은 매우 자극적이라는 것이다. 지금이 아니면 기회는 없다. 사업 할 기회, 부자가 될 기회, 지금밖에 없다는 접근 방식은 너무나 많다. 사실 위와 같은 이야기는 사람의 심리 기제를 이용한 마케팅 용어일 뿐이므로 조급해하지 않았으면 한다. 지금이 아니면 안 된다는 조급함보다는 우리에게 더 필요한 것은 '내실을 다질 시간'이라는 것이다. 기회는 내실을 다지는 사람에게 언제든 찾아오기 마련이다.

2016년에서 2017년까지만 해도 유튜브는 블루오션이었다. 그러나 2017년부터 유튜브 붐이 일어나면서 점점 레드오션이 되어갔다. 사람들은 그때부터 너나 할 거 없이 지금 '유튜브 들어가면 망한다'라고 이야기를 한다. 블로그도 마찬가지였다. 2016년, 2017년, 2018년, 심지어 내가 글을 썼던 2022년에도 블로그를 시작하거나 온라인 플랫폼을 시작하면 처음 시작하는 사람들은 망할 수 있다고 이야기했었고 나 역시 그렇게 생각했다.

그러나 내가 막상 해보니 달랐다. 매해, 매년 뜨는 사람이 생겼고,

매년 라이징 스타는 생겨난 것이다. 나는 매해 반짝이며 뜬 사람들을 분석해 보았다. 이들은 우연히 운이 좋아서만 뜬 케이스는 아니었다. 보이지 않는 곳에서 수많은 노력으로 갈고 닦고 내실을 다져온 사람들이었다. 나는 그럴 때마다 링컨의 명언을 떠올린다.

"나에게 6시간을 주며 나무를 베라고 하면, 처음 4시간은 도끼는 가는 데 쓸 것이다."

보이지 않는 곳에서 나의 실력을 갈고닦는 시기가 꼭 필요하다. 나는 그것을 지난 1년 반 동안 기버의 정신으로 자기계발 모임을 무료 재능기부로 운영하면서 나 자신을 갈고 닦았다. 2년이 지나가면서 유료화를 전환하며 나에게 얼마만큼 기회가 왔는지 실험하고 늘 살펴보며 조금씩 나아가는 중이다.

그럼에도 불구하고 여전히 나는 계속 갈고닦는 배움의 시간을 보내고 있다. 내가 가야 하는 브랜딩이라는 길은 언제나 나를 지켜보고 바라보는 구독자나 소비자분들을 늘 생각해야 하기 때문이다. 이 길은 결코 쉬운 길이 아니긴 하지만, 내가 어떤 마음가짐으로 하느냐에 따라 즐길 수도 있고 고통스러울 수도 있다. 본래 직업 때보다 잠도 많이 못 자고 어디를 놀러 나가거나 여행을 간 적도 없다. 그래서 한편으로 일하는 거 자체를 여행이고 놀이라 생각하며 즐기고 있다. 내가 모소 대나무와 같은 정신으로 이것을 버티는 방법은 이 일을 할 수 있다는 감사함과 기쁨, 즐거움을 느껴야 하는 것이었다. 이 삶이 진짜 재미있고 즐겁다고 생각해야 끝까지 모소 대나무와 같은 정신을 가질 수 있다.

운 공부를 좋아해서 요즘 나는 운과 관련된 책을 읽고, 글을 쓰고 있다. 지금 이 책을 써 내려가면서 나의 좋은 기운과 온기들이 이 책 안에 모두 담기기를 바라기 때문이다. 처음부터 운에 관련된 책 읽기를 좋아했던 것은 아니다. 2년 동안 확언 쓰기를 하면서 이런저런 공부를 하다 보니 나도 모르게 찾게 된 것도 있다. 그러던 중 내가 깨달은 것은 어떤 큰일이나 잘 될 조짐을 앞두고 복을 얻는 방법에는 다음과 같은 말이 ≪손자병법≫에 있다.

"용장은 지장을 이기지 못하며, 지장은 덕장을 이기지 못하고, 덕장은 복장을 이기지 못한다."

이 말은 용기와 지혜도 그리고 인덕도 결국에 좋은 운을 이기지 못한다는 뜻인데 복장이란 지나친 열정의 과시보다는 우직하게 자신의 길을 묵묵히 고수하는 사람을 뜻한다. 주변의 변화에도 쉽게 동요하지 않으며 큰 흐름도 일찍이 살펴 유연하게 대처하는 사람이다.

어떤 목표를 결정할 때 최고의 목표를 지향하지만, 처음부터 목표를 끝까지 고집하지 않는다. 목표가 정해져도 무조건 앞만 보고 달려가는 공격적인 경영보다는 타이밍을 보며 기다리는 '기다림의 시간'을 보여

주어야 한다. 모소 대나무처럼 말이다. 그래서 나는 블로그를 통해서도 무조건 앞만 보고 달려가는 것을 멈추기도 했다. 분명한 이유와 목적 없이 달려 나가는 것을 지양하는 중인데, 특히 남을 따라 하는 것을 더더욱 경계하는 중이기도 하다. 오랫동안 지속할 수 있는 힘은 남의 철학이 아닌 나의 철학이 분명히 있어야 하기 때문이다. 그렇기에 오랜 시간 동안 나와 내 모임에 오신 분들께 자기만의 철학과 독립적인 길을 가실 수 있는 자기다움, 나다움에 대해 더 많이 강조하고 있다.

지금 내 블로그는 무분별하게 이웃이나 숫자를 늘리는 것도 자제하고 있다. 나는 나와 결이 맞는 사람들과의 이웃, 또는 팔로우를 맺기 위해 하루하루 노력하는 중이다. 이렇게 되면 공감과 유대감이 생겨 지치는 순간에도 서로를 응원하며 무한하게 성장할 수 있다고 믿는다. 나는 모소 대나무의 정신처럼 한해 한해 쌓이는 시간과 기록의 힘을 믿는다. 나의 글을 오래전부터 읽어주시는 분들과 앞으로 더 진한 소통, 성장을 희망한다. 여러분도 충분히 잘될 수 있다고 믿는다. 그런 믿음의 생각, 끈기와 인내의 시간이 지나면 여러분만의 모소 대나무가 성장하는 모습을 직접 볼 수 있을 것이다.

언제나 새로운 경험을
선물하라

12년간 음악 교사로 있으면서 내가 가장 뿌듯하거나 보람 있다고 느끼는 경우는 아이들이 나에게 아래와 같이 이야기해 줄 때였다.

"선생님 태어나서 이런 음악 수업 처음이에요. 너무 재미있어요. 일주일에 한 번 음악 수업이 기다려져요."

이 한마디를 듣고 싶어서라도 나는 새로운 음악 수업을 구상하고 준비한다. 준비하는 시간과 노력, 정성의 에너지가 들어도 최종적으로 학생들의 만족과 신나는 모습, 즐거워하는 모습을 볼 때, 나의 에너지가 다시 솟아나기 때문이다. 학생들의 수업 설계를 준비하는 중에 나도 몰입 하며 그때만이 느낄 수 있는 행복감을 또 느낀다. 단 한 번도 같은 수업을 진행해 본 적이 없다. 교과서 속에 있는 내용보다는 아이들의 상황과 사회 이슈, 트렌드 등을 생각하며 언제나 창의적으로 음악 수업을 고안해 낸다. 학생들에게 경험과 추억을 선물하고 싶었기 때문이고, 학생들은 좋은 기억이 남아 음악 수업에 대한 좋은 이미지와 잔상이 있기를 바랐기 때문이다.

잠시 눈을 감아보자. 그리고 더할 나위 없이 여러분이 어떤 브랜드의 소비자로서 가장 멋진 경험을 했던 적이 언제였는지 생각해 보자. 여러분의 정신과 혼을 쏙 빼놓았던 그런 경험 말이다. 2년 동안 블로그에 글을 쓰며 글자를 넘어 30번은 족히 넘는 온·오프라인 커뮤니티 모임을 진행해 왔지만, 오늘도 나는 여전히 계속 고민한다. 어떻게 해야 나의 모임에 들어오신 분들에게 더 만족스럽고 멋진 경험을 선사할 수 있을지 고민한다.

이제는 경험이 브랜드가 되는 시대가 되었고, 사람들은 경험의 가치를 소비하러 오늘도 새로운 곳을 찾아다닌다. 그들이 모임을 통해 새로운 경험을 기대하고 변화를 꿈꾼다면 소비하기 전에 내가 줄 수 있는 서비스에 대한 기대를 먼저 심어주는 것이 좋다. 우리는 보통 기대한 만큼 경험하기 때문이다. 이러한 현상은 플라시보 효과와 노시보 효과로 설명할 수 있다. 플라시보 효과는 긍정적인 기대가 결과로 이어질 때 발생하지만 노시보 효과는 부정적인 기대나 믿음이 해롭거나 부정적인 영향을 미치는 경우다.

우리는 기대하는 대로 경험한다. 실제로 인간은 기대한 만큼 경험에 영향을 미치며 기대가 결과로 이어진다. 그렇기에 모임에 들어오는 사람들에게 긍정적인 메시지를 전달하여 그 어느 곳에서도 찾아볼 수 없는 모임이라는 확신을 심어주도록 한다. 그것이 모임을 끌어나가는 리더의 역할이다. 그렇기에 나는 글로써 사람들에게 모임과 스터디에 대한 기대를 마음속에 먼저 심어주고 있다. 모임을 열기 전 사람들에게 모임에 대한 모집 글을 예고하고, 본 모임 모집 글에 글과 시각적, 음악적 효과로 모임에 대한 기대를 긍정적인 메시지로 담아낸다.

한 가지 확실한 것은 모임에 참여한 사람은 멋진 경험을 기대하거나 자기를 변화시킬 필요에 함께 한다는 것이다. 모임에 참여한 사람들의 유의미한 경험을 창출하는 일은 결국 감정을 공감하고 이해할 수 있는 능력이 중요하다. 다른 사람의 감정을 이해하고 함께 느낄 수 있는 연습을 자주 해보자. 가장 좋은 것은 모임에 참여하게 된 신청 배경과 기대하는 바에 대해 직접 설문을 받아보는 것도 좋다. 그리고 한 사람 한 사람 이야기를 잘 경청해 보자. 그들이 이 모임에서 어떤 경험을 해보고 싶고 이루어보고 싶은지를 먼저 아는 것도 중요하다.

내가 2년 동안 모임을 열면서 깨달은 중요한 한 가지가 있다. 한 사람의 이야기를 진심 어리게 들어주고 그 사람의 이야기를 제대로 이해하거나 그 사람이 어떤 마음을 생각하는지 잘 알아야 한다는 것이다. 공감해 줄 때 오히려 좋은 반응과 결과가 있었다는 것이다. 실제로 누군가가 모임에 참여했다면 그 사람이 '작은 성취'를 이룰 수 있다는 암시를 주고 강점을 이끌어 주도록 하자.

2022년 방탄렌즈 자기계발 모임을 무료로 실시하다 2024년 부자의 돈그릇 시즌 5를 1년간 50주 운영하기로 결심했고, 현재 시즌 2를 진행하는 중이다. 도중, 1년 전 나의 무료 모임에 참여해 주셨던 B 님이 모임을 신청해 주셨다. 1년 넘게 안부가 없던 와중에도 다시 나의 모임을 찾아온 이유를 여쭈어보았다. B 님께서 해주신 말씀은 다음과 같았다.

"지혜 님께서 당시 진행하셨던 무료 모임과 같은 경험은 태어나서 처음이었어요. 무료 모임이었지만 저는 당시 제 인생의 터닝포인트와 같은 경험을 했어요."

하버드대학 심리학자 로버트 로젠탈(Robert Rosenthal)의 실험에 따르면 교사가 특정 학생에게 잠재력이 있다고 신뢰하고 믿으면 그 학생이 가진 능력이나 재능과 상관없이 잠재력이 20% 이상 상승한다고 했다. 이것을 자기충족적 예언이라고 한다. 부자의 돈그릇 모임도 시즌 1, 2, 3마다 느낌과 교육과정 모두 다르다. 오프라인, 온라인으로 하루, 한달, 3달, 1년 전의 모임들의 성격은 저마다 다 다른 느낌이 있는데, 나는 매번 경험을 선물로 주고자 하기 때문이다.

블로그를 시작한 지 900일이 지나가고 있다. 2년 동안 30회 이상의 온·오프라인 모임을 진행하며, 단 한 번도 과거에 진행했던 프로그램을 똑같이 재구성한 적이 없다. 그 이유는 내가 생각하는 최고의 자산은 결국 경험이기 때문이다. 인생에 있어서 경험이 아닌 것들이 없다. 경험만큼 자신을 성장시키는 것이 없다고 생각한다. 특히 내가 해보지 않았던 새로운 경험을 해야 세상을 바라보는 지평선이 넓어진다. 오늘의 내가 될 수 있던 것도 경험을 통해 성장한다. 또한 우리 모임에 계신 멤버 모임과 스터디 초창기부터 지금까지 오랫동안 계시는 분들을 위한 배려이기도 하다. 똑같은 프로그램으로 가르치는 것이 지겹기 때문일 수도 있겠지만 전보다 더 나아진 모임으로 발전시키고자 하는 마음이기 때문일 거다. G 님께서는 나에게 다음과 같은 후기를 남겨주셨다.

"지혜 님의 수업을 2년 넘게 들어왔지만, 매번 수업마다 분위기가 다르다."

늘 다르게 스터디 모임을 구성하면서 다르게 성장할 수 있도록 다양한 생각을 한다. 부자의 돈그릇 2기 모임은 내면 탐구, 나라는 사람에 대한 탐구의 시간을 가지면서 부정적인 감정의 기분을 덜어내기 위해 모임을 구성했다.

현재 부자의 돈그릇 3기는 내면 탐구와 동시에 아웃풋의 결과물을 내는 데에 집중하고 있다. 약 10주 동안 각자가 가진 어떤 한계의 틀을 깨는 데에 집중하고 있다. 모두 저마다 자기가 가진 고정관념이나 틀, 한계를 넘어서 그동안 실행해 보지 못한 것을 도전하면서도 실패를 받아들이는 연습도 함께 하려 한다. 언제나 모임을 준비할 때 다른 곳에서는 경험해 보지 못한 느낌과 경험을 주는 연습을 많이 하는 중이다. 여러분들도 만약 모임을 운영해 나갈 것이라면 늘 새로운 느낌과 감정 기분 등과 같은 경험을 선물할 수 있도록 하길 바란다.

함께 협력할 수 있는
네트워크가 필요하다

브랜딩 글쓰기를 하며 오늘날 내가 여기까지 올라올 수 있던 이유는 분명 나만의 힘으로는 불가능하리라 생각한다. 가장 중요한 것은 나의 블로그 글을 읽어주는 독자들이 있어야 한다는 것이다. 내 글을 읽어주는 독자들은 거시적으로 보면 나와 함께 협력할 수 있는 사람들이다. 나의 글을 읽어주는 사람들과 꾸준히 소통하며 지내다 보면 오랫동안 블로그 글쓰기를 멈추지 않고 나아갈 수 있다.

때론 무료 재능기부 모임을 열어보는 것도 브랜딩 성장에 큰 도움이된다. 나는 언제나 내 주변 이웃분들과 함께 협력할 수 있는 모임이나 네트워킹을 마련했다. 요즘에는 나와 방탄렌즈 돈그릇 브랜딩 식구분들과 함께 협력할 수 있는 네트워크를 하고 있다.

글쓰기를 시작하며 아지트를 만들고 두 번째 아지트로 이사를 했다. 새로운 장소의 인테리어는 방탄렌즈 식구분들과 함께 프로젝트를 진행하기도 했다. 두 번째로 내가 이동하는 아지트에는 내가 생각하는 어떤 공간에 대한 정체성을 심고 싶었다. 그 정체성은 프랑스의 파리다. 유럽의 파리를 너무 가고 싶은데, 파리를 가지 못한다면 서울의 한복판에 있는 도시에 파리를 만들어 보겠다고 생각했다. 그래서 다음번 아지트는 여기가 프랑스 파리라는 공간의 주제로 아지트가 멋지게 탄생 될 예정이다.

감사하게도 나는 내가 생각하는 사람들을 끌어당긴 듯하다. 나의 모임에 공간을 디자인해 주실 식구분들이 와주셨기 때문이다. 나는 디자인과 미술 영역 등 무언가를 꾸미는 능력이 턱없이 부족하다. 내가 잘할 수 없는 부분은 도움을 요청하여 협력할 수 있는 네트워크를 형성하여야 한다. 성공하는 사람들은 그렇게 움직인다. 자신이 할 수 있는 것과 할 수 없는 것을 구분하여 자신에게 부족한 부분은 함께 협력하여 프로젝트를 진행한다. 아지트 공간 꾸미기 프로젝트를 곧 착수할 듯하다.

이뿐만이 아니다 오늘날 내가 이렇게 종이책을 쓸 수 있게 된 계기도 나의 모임에 계신 김호중 작가님 덕분이기도 하다. 6번째 전자책을 썼던 나는 7번째 전자책을 준비하고 있었고 앞으로 어떻게 나아가야 할지 고민하고 있었다. 그때 마침 김호중 작가님께서 나에게 이왕하는 거 제대로 하는 게 좋지 않겠냐면 종이책을 준비하자고 제안하셨다. 그때 제안을 들으며 나도 이번 기회에 종이책을 꼭 출판해야겠단 생각이 들었다. 지난날 나의 과거를 돌이켜 보게 되었다. 알고 보니 나도 모르게 종이책에 대한 막연한 두려움과 거부감이 있었다는 것을 깨닫는다. 나는 계속 전자책을 낼 생각만 했을 뿐, 종이책을 도전하거나 낸다는 상상을 하지 못했던 거 같다. 감사하게도 나의 모임에 와주신 호중님 덕분에 나는 첫 종이책 작가로 데뷔할 수 있는 기회를 가지게 되었다. 그리고 나의 책을 쓰는 데 직접적으로 많은 도움을 주신 허지영 작가 선생님께도 감사를 표하고 싶다. 많은 분이 함께 협력하는 존재가 되어 큰 응원과 힘이 되어 주고 있다.

✦

블로그 글쓰기를 하면서 계속 혼자 글로만 써 내려가기에는 한계가 올 것이다. 이 세상은 나 혼자만의 힘으로는 절대 살아갈 수 없기 때문이다. 브랜딩의 협력 자체를 떠나 내 주변 삶만 바라봐도 그렇다. 모든 것이 나의 온전한 힘으로 내가 내 삶을 일구어 나가거나 성공했다고 말하기 어렵다. 일단 지금 내가 써 내려가고 있는 노트북에 글을 쓸 수 있는 것만으로도 그렇다. 누군가 노트북을 만들어준 덕분에 나는 이렇게 글을 쓸 수 있는 것이다. 또 워드 파일 프로그램이 있기에 한글로 쉽고 빠르게 글을 써 내려갈 수 있다. 아주 사소한 것도 마찬가지다. 내가 매일 먹는 쌀밥의 쌀은 누군가의 땀방울로부터 나왔고 그것을 배달해 주고 전달해 주신 분 덕분에 집 앞까지 쌀이 편하게 배달될 수 있다. 지금 내가 편하게 일할 수 있는 시간을 확보할 수 있는 이유도 나를 지지하고 후원해 주시는 부모님과 남편 덕분이다. 아이들도 마찬가지다. 엄마가 하는 일을 이해하고 있어서 엄마는 글을 써야 한다고 이야기하기도 한다. 오늘날의 내가 될 수 있던 것은 분명 이 세상에 나를 도와주고 협력해 주는 사물과 사람들 덕분이다.

온라인 플랫폼에서 혼자서 글을 쓰기보다는 함께 모여서 협력할 수 있는 그룹을 만들고 꾸준히 성장할 수 있는 환경을 갖춰 유지하길 바란다. 글로만 계속 나눔을 하는 것보다 주별 블로그 이웃과 함께 협력하여 재미난 모임들을 기획하고 만들어가면서 꾸준히 즐겁게 블로그를 이어나가길 바란다. 블로그를 하면서 브랜딩을 하다 보면 처음 시작과 달리 점점 나 혼자서 일을 감당하기 어려운 순간들이 있다. 블로그 글쓰기를 혼자 해야 한다는 생각에서 벗어나 누군가와 함께 협력하고 때론 용기 있게 부탁을 해볼 수 있도록 하자. 많은 사람이 브랜딩의 성장에 있어 실패하는 이유 중 하나는 누군가에게 도움을 요청하지 못했거나 다른 사람들과 함께 협력하는 방법을 모르기 때문일 것이다.

나는 지난해 연말 게릴라 콘서트를 열었다. 이때 나는 나 혼자 강의하고 이야기하는 콘서트를 열기보다는 함께 각자의 인생 이야기를 할 수 있는 콘서트를 준비하고 진행했다. 내 주변에 계신 종이책 작가님과 나의 모임에 함께 해주시는 멋진 분들과 함께 자기의 인생 이야기를 들어보는 시간을 가진 것이다. 나는 언제나 함께 협력할 수 있는 관계를 생각한다. 브랜딩 글쓰기도 성장곡선이 위로 뻗어 나가지 못하고 정체하는 지점에 도달할 때가 분명히 있기 때문이다.

다른 사람과 협력관계를 맺고 네트워킹하는 것을 두려워하지 않았으면 좋겠다. 실제로 성공하는 사람들은 남에게 용기 있게 도움을 요청하거나 네트워크를 하는 것이 자기 자신의 한계를 넘어서 앞으로 나아갈 수 있는 중요한 방법임을 알고 있다. 퍼스널 브랜딩으로 성공한 유튜버들만 봐도 알 수 있다. 서로 다른 사람의 채널에 출연해 주고 미담, 덕담을 만들면서 함께 상생하는 유튜버가 더 큰 성장을 보여주고 있다. 내가 알지 못하는 지식이나 강점의 분야를 다른 사람이 갖고 있는 경우도 종종 있기 때문이다.

네트워킹을 만드는 방법은 크게 두 가지가 있다. 첫 번째는 외부의 사람을 내가 직접 찾아가서 배우는 경우다. 내가 알지 못하는 분야에 도움이 필요할 때 요청할 수 있기 때문이다. 두 번째는 내부의 사람들과 함께 시너지로 협력하여 나가는 것이다. 이 부분을 읽으면서 여러분은 함께 협력하고 네트워킹하고 있는 그룹들이 있는지 확인해 보길 바란다.

세상에서 큰 성공을 거둔 사람들을 살펴보면 그들은 특정한 위기 상황에서 전환이 필요할 때나 자기 능력이 부족하다고 느낄 때 새로운 인재와 사람들을 영입하며 진화하고 발전하고 있다. 자신의 영역에서 크게 성공하는 사람들은 무조건 똑똑한 사람들도 아니며, 아는 것이 많은 사람도 아니었다. 또 해당 분야에 관한 경험과 솜씨가 가장 좋은 사람도 아니었다. 가장 크게 성공한 사람들은 자신의 부족함을 인정하고 모르면 모른다고 말하는 사람들이었다. 그리고 모르는 것을 다른 영역에서 채울 줄 아는 사람들이었다. 다른 영역에서 채울 수 있는 것은 행동, 즉 실행할 용기에서 나온다. 대부분은 똑똑하고 아는 것이 많지만 두려움으로 인하여 자신의 부족함을 가리고 실행으로 나아가지 못할 때가 있다.

두려움을 없애는 방법으로 아무 생각 없이 그저 나의 부족함을 인정하고 행동으로 나아가는 것을 추천한다. 두려움을 이기는 유일한 방법은 행동이며, 그 두려움이 커도 실행에 몰입하다 보면 결국 두려움은 사라지고, 두려움을 이기는 나 자신을 발견할 수 있다. 실제로 우리가 가지고 있는 두려움은 모르는 것을 알아가는 과정의 행위 속에 존재하고 있을 때 많이 사라진다. 무엇보다 함께 협력할 때 두려움은 용기로 변화된다. 용기로 함께 한 행동은 상상하지 못했던 새로운 무언가를 창조해내는 힘도 있다.

혼자 가기보다 함께 할 수 있는 환경을 구축하여 브랜딩을 성장해 가보자. 놀라운 삶이 여러분 앞에 펼쳐질 것이다.

새로운 변화와
시도를 해야 한다

나는 반복적인 루틴을 매일 한다. 멀리서 보면 반복적인 루틴은 변화가 없는 것처럼 느껴지지만 가까이서 보면 끊임없는 반복 속에 크고 작은 새로운 변화가 있다. 지난 2년 반 동안 매일 확언을 하고, 매일 명상을 하고, 매일 모닝 페이지 글을 쓰고, 매일 블로그에 글을 올렸다. 하루가 지나가면 새벽에라도 블로그에 글을 올리는 편이다.

중요한 루틴 한가지가 더 있다. 나는 나 스스로에게 매일 똑같은 질문을 한다는 것이다.

"내가 진짜 원하는 삶이 무엇인가? 내 삶에서 가장 우선순위는 무엇인가? 정말 그것이 필요한 것이 확실한가?"

매일 나 자신에게 같은 질문을 하는 이유는 어제의 나에서 오늘의 나로 새롭게 변하기 위함이고, 전보다 용기 있는 나 자신이 되기 위함이다. 나는 언제나 말과 행동이 일치하는 사람이 되고 싶고 그러기 위해선 날마다 새로워져야 한다고 본다. 사실 나도 원시인의 몸과 마음을 가진 한낱 나약하고 게으른 인간이다. 김종원의 《인간을 바꾸는 5가지 원칙》에서는 다음과 같이 말하고 있다.

"누구나 살면서 한 번 정도는 잘나갈 때가 온다. 그것은 그의 재능과 운이 만날 때 나타나는 현상이다. 하지만 진짜 실력은 그렇게 나타난 현상을 일시적으로 나타나는 행운으로 끝내지 않고, 죽는 날까지 일정한 속도로 성장하게 만드는 것이다. 매일 무언가를 반복한다는 것은 스스로 자기 운을 키우는 일이다."

무언가를 계속 반복한다는 것은 스스로 자기의 운을 키우는 것이기에, 온라인 글쓰기를 꾸준히 반복한다는 것도 자기의 운을 키우는 것이다. 글을 쓰다 보면 지난날 내가 가진 부정적인 생각과 습관은 어느덧 사라지고 새로운 나로 마주할 수 있다. 새로운 나로 마주하다 보면 나라는 사람의 브랜드와 글쓰기, 생각의 깊이는 점점 성장한다. 단순한 팔로워와 공감 수를 늘리는 것보다 더 중요한 것은 글로 깊이 있는 통찰을 쓰면서 진정한 성장과 변화된 모습을 표현하는 것이다.

글을 쓰기 전 나는 중·고등학교 선생님과 엄마, 아내라는 정체성만이 있었다. 지금은 작가, 사업가, 투자자, 어른 성장학교 선생님, 강연가, 퍼스널 브랜딩 전문가라 등의 정체성이 내 안에 존재한다. 이렇게 나의 정체성이 가득해진 글을 꾸준히 반복하며 내 안에 정체성을 새롭게 심어 넣었기 때문이다. 그러다 보니 글을 썼을 때보다 오늘의 나는 전보다 용기와 배짱, 담력이 크게 생겼다. 2년 내내 끊임없는 변화와 시도로 몸부림친 덕분이라 생각된다.

퍼스널 브랜딩이란 하나의 작은 웅덩이에 고인 물이 어느날 물줄기가 생겨 냇물에서 바다로 향해가는 여정과 같다. 오늘날 여전히 오랫동안 사랑받으며 지속 성장하는 브랜드들은 가만히 멈추어 있지 않고 늘 흐르는 물처럼 새로운 것을 반겨 수용했고 포용했다. 그들은 위기가 왔을 때 저항하기보단 자신의 고유함 속에서 새로운 것을 찾아다니며 그 시대에 맞는 트렌드를 자신의 색깔에 입혔다. 또는 미래 시대 흐름의 변화와 물결의 파도를 타며 새롭게 변화하고 시도했다.

현대자동차는 최근 자동차라는 브랜드 이미지에서 벗어나 보다 포괄적인 브랜드 이미지로 시도하고 변화하고 있다. 앞으로 현대자동차는 이동하는 모든 수단, 또는 움직일 수 있는 것들에 대한 이미지를 구축하고 있다. 도로에서만 달리는 승용차에서 하늘을 나는 이동 수단의 움직임으로 도약과 비전을 도모하고 있다.

브랜드가 변하려면 소비자들을 끊임없이 탐색하고, 파악하고, 관찰해야 한다. 그래서 대중들이 앞으로 어떤 브랜드를 더 가치 있게 생각하고 관심 있어 하는지 알아야 한다. 꾸준히 대중을 공부한 브랜드들은 오랫동안 지속 성장할 수 있다.

우리가 잘 아는 명품 브랜드도 마찬가지다. 언뜻 보기엔 과거의 상품에만 머물러 있다고 생각할 수 있겠지만 그들은 미묘하게 새로운 디자인으로 혁신을 꾀한다. 이 말을 고사성어로는 '온고지신(溫故知新)'이라 한다. 공자는 '옛것을 알고 새것을 알면 스승이 될 수 있다고 했다.' 자신이 익히고 배운 것만을 고집해서는 다른 사람을 가르칠 수 없다는 말이다. 과거와 함께 미래의 새로운 지식을 알고 이해해야 변화하는 세상에서 나라는 브랜드도 적응하고 발전할 수 있다.

내가 좋아하는 빙그레 바나나맛 우유가 어느덧 50주년 지나서도 여전히 사랑을 받는 이유도 마찬가지다. 그들은 바나나 우유 맛 하나만 고수하는 것이 아닌 새로운 변화와 시도를 멈추지 않고 끊임없이 시도한다.

빙그레는 스테디셀러인 바나나맛 우유를 활용하여 1년에 한 번씩 한정판 제품을 출시하고 있다. 바나나 우유의 상징과도 같은 단지 모양의 용기에서 착안하여 '단지가 궁금해'라는 시리즈로 2018년도부터 같은 용기에 새로운 맛과 색을 입혀 색다른 맛을 출시했다. 2018년도 첫 제품은 오디 맛이다. 이것이 폭발적인 반응을 끌어내자, 이후로 귤 맛, 캔디 맛, 리치피치 맛, 바닐라, 호박고구마 등의 맛을 구현해 냈고 소비자의 반응을 살펴보기 시작했다. 매번 새로운 맛과 색 제품이 나올 때마다 소비자들의 다양한 반응들이 올라온다. 그들은 심지어 새로운 반응에서 부정적인 후기와 불만이 있는 안티팬들까지도 끌어안아 충성심을 불러일으키게끔 만들기도 했다. '리치피치 맛' 우유에 불만을 가지고 있던 어느 한 소비자는 '리치피치 디스 곡'이라는 랩 음악을 만들어 뮤직비디오를 유튜브에 올렸다. 빙그레 담당자는 뮤직비디오를 보고 리치피치 맛에 불평을 두고 있는 사람이야말로 진짜 바나나맛 우유 팬이라는 생각을 했다.

뮤직비디오를 자세히 보면, 물론 '리치피치 맛'이 이상하다는 것을 랩 가사를 통해 저격하는 내용이 대부분이지만, 랩의 가사 중 '익숙함에 속아서 소중한 것을 잃지 말자'라는 내용도 있다. 빙그레 바나나맛 우유 브랜드팀은 이 디스 랩을 만든 사람과 어떠한 방식으로 소통할지 고민했다. 사과하는 DM을 보내고, 선물을 보내는 일방적이고 다소 성의 없어 보이는 방식이 아니라, 이 한 명의 소비자가 열심히 노력해 어찌 보면 재미있는 방식으로 디스한 것처럼, 담당자들도 열심히 노력해서, 재미있는 방식으로 응답하기로 했다. 디스 곡을 만든 소비자에게 연락해 음원을 받고, 해당 음원에 빙그레 근무 직원 중 한 명이 랩 연습을 해서 '리치피치 맛 우유 Hater들에게 바친다'라는 맞디스 랩을 만들어서 유튜브에 올린 것이다. 영상 속에서 '리치피치 맛 우유' 콘셉트의 왕관과 핑크 봉을 들고, 어색하지만 열정적으로 랩을 하는 빙그레 담당자의 모습을 보다 보면 절로 웃음이 나온다. 이런 빙그레의 노력에, 디스 랩을 올린 소비자는 해당 뮤직비디오를 통해 찐팬이 되었다.

세월이 흐르면 강산도 변하듯이 그 시대가 요구하고 바라는 것들은 언제나 달라지고 변하기 마련이다. 그렇기에 나는 1년에 한 번씩 나 자신을 돌이켜 보고 셀프 업데이트를 했다. 커뮤니티 모임을 열어 스터디 하거나 강의할 때도 마찬가지다. 똑같은 모임을 열어본 적은 단 한 번도 없다. 만약 똑같은 주제의 무언가를 열었다 해도 그 속에서 하는 방법과 주제는 다른 것을 제시하기도 한다. 늘 언제나 새로운 것을 시도하고 변화하기 위해 노력한다. 매일 쓰는 글쓰기도 마찬가지고, 내가 운영하는 모임도 마찬가지다. 단지 글 하나를 썼지만, 나는 온몸으로 내가 변화되고 진화하는 것을 보여주었다. 한 해 한해 시대의 트렌드를 함께 반영하기 위해 노력한다. 트렌드의 변화를 알 수 있는 것 중 하나는 시중에 유행하는 베스트셀러 책을 검색해 보는 것이다. 2022년만 해도 서점에서 베스트셀러는 온통 투자 이야기로 가득했다. 그런데 최근에는 상황이 변했다. 요즘 사람들이 삶에 있어 많은 피로감이 있는 건지 몰라도 재테크나 투자책보단 에세이나 소설, 마음챙김 등과 같은 책이 사랑을 받고 있다. 블로그 글에서도 경제적 자유나 투자 이야기보단 글쓰기와 독서, 책 쓰기 등과 같은 주제에 더 많은 관심이 있다.

또 다른 것은 모임에 오신 분들께 요즘 직접 필요한 것이 무엇인지 물어보기도 한다. 두루두루 책을 읽어가면서 요즘 내 글을 읽는 사람들이 어떤 생각을 하고, 무엇을 필요로 하는지 공부하면서 조언을 들려주면 이를 통해 누군가 한 사람이라도 동기부여가 되길 바라기도 한다. 나의 브랜딩 글쓰기와 모임도 마찬가지다. 새로운 변화와 시도를

해 나아가면서도 내가 가져가야 할 나만의 무기는 한편으론 시대 흐름
과 변함이 없어야 한다. 내가 가지고 있는 가장 큰 무기는 실패해도 다
시 도전하는 꾸준한 실행력과 강철 멘탈이다. 변화하는 트렌드 속에서
도 내가 가지고 있는 무기는 놓지 말자.

새로운 나로
마주하다 보면

나라는 사람의
브랜드와 글은
점점 성장한다.

브랜딩 탐구를 위한 질문
내 삶을 바꾸는 브랜딩

1. 여러분만의 브랜딩 글쓰기 원칙을 3가지 만들고자 한다면 어떤 것일까? 내가 이야기한 브랜딩 글쓰기 원칙 이외 다른 것들을 생각해 보자.

2 현재 내가 브랜딩 글쓰기를 하기까지의 시간은 얼마였는가? 나는 글쓰기에 시간과 정성의 에너지를 쏟고 있는가?

3 나는 이 세상을 사랑하는가? 나는 내 주변 사람들에게 보이지 않는 사랑과 긍정의 에너지를 전달해 주고 있는가?

4   미래의 나만의 청사진을 그려나가는 시간을 가졌던 적이
     있는가? 내 삶에서 그동안 생각해 오거나 스케치 해온 것을
     그려나갔던 적이 있었는가?

5   내가 진짜 원하는 삶이 무엇인가?
     내 삶에서 가장 우선순위는 무엇인가? 정말 그것이 필요한 것이
     확실한가? 매일 하루에 한 번씩 나에게 질문해 보자.

제가 생각하는 퍼스널 브랜딩이란 눈을 감고 죽기 직전까지 이루어 지는 작업이라 생각됩니다. 나라는 사람을 더 잘 알고 이해할수록 내 이름 석자의 브랜드는 더욱 가치가 높아지고, 빛이 날겁니다. 내 안에 서 어떤 일이 일어나고 있으며, 나는 어떤 것을 욕망하는지 잘 알아야 합니다. 그래야 자기답게 자기다운 방식으로 시간의 축적 속에서 나라 는 브랜드가 성장하니까요.

시간의 흐름 속에서 성찰하는 과정을 한 장 한 장 쌓아가보시길요. 진정한 퍼스널 브랜딩이란 내가 진짜 좋아하고 잘하는 분야가 무엇인 지 알아야 합니다. 처음부터 잘 할 필요는 없습니다. 나라는 브랜드는 정체되거나 고정되어 있는 것이 아닌 시대와 시간에 따라 성장하는 브 랜드가 되어야 한다는 것이죠.

진짜 멋진 퍼스널 브랜드는 무엇일까? 요즘 저는 이 부분에 대해 많 은 생각을 합니다. 세상의 유행과 흐름에 완벽하게 따라가거나 맞추는 것이 맞을까요? 아니면 유행의 흐름과 상관없이 내가 가진 것을 세상 이 원하게 하는 것이 옳을까요?

오랫동안 지속하여 살아남은 브랜드는 유행의 흐름과 상관없이 그 브랜드만이 가지고 있는 것을 세상이 원했다는 것에 답을 찾았습니다.

그러니 여러분들도 여러분이 가지고 있는 것을 깊게 들여다 본 후, 가장 좋아하거나 잘하는 것을 찾아내어 보세요. 그리고 그것을 용기있게 세상에 알려보세요. 시간이 지난 어느날, 다른 사람들과 세상이 여러분이 가지고 계신 것을 원하는 그날이 올겁니다.

퍼스널 브랜딩의 길로
이끌어 준 책 리스트

1.《기브 앤 테이크》 애덤 그랜트 저. 윤태준 역. 생각연구소

브랜딩 글쓰기 초창기에는 내 브랜드의 가치를 많이 나누어 줄 수 있는 기버 정신이 필요하다. 세상에 나의 가치를 알려주면서 도움이 될 수 있는 사람으로 먼저 성장하자. 다른 말로는 선의와 기여일 수 있는데 이 정신은 내가 브랜딩 으로 성장하는 동안 끝까지 가져가야 할 정신이다.

2.《예술가는 절대로 굶어 죽지 않는다》 제프 고인스 저. 김문주 역. 위너스 북

브랜딩을 하며 수익화하는 데 있어 불편함이나 두려움이 있다면 이 책을 반복 해서 읽어보자. 브랜딩을 하면서도 굶어 죽지 않을 마인드와 액션플랜이 필요 하다. 진짜 예술가는 굶어 죽지 않고 풍요로운 삶을 누린다. 우리의 브랜딩도 마땅히 그래야 한다.

3.《당신을 초대합니다》 존 리비 저. 최소영 역. 천그루숲

커뮤니티 모임을 만들고 사람을 모으는 방법, 온라인 공간에서 커뮤니티를 운영하는 방법에 대해 다양하게 소개되어 있다. 읽다 보면 나만의 아이디어가 저절로 떠올라지기도 하는 책이다.

4.《내 생각과 관점을 수익화하는 퍼스널 브랜딩》
촉촉한마케터(조한솔) 저. 초록비책공방

수많은 온라인 콘텐츠 정보 홍수 속에서 타인에게 기억되고 각인 될 수 있는 글을 쓰려면 어떻게 해야 하는지 알려주는 책이다. 내가 타인을 위해 어떠한 글을 적어야 하는지 자세히 알고 싶다면 이 책을 읽어보자.

5.《룰루레몬 스토리》 칩 윌슨 저. 김지연 역. 예미

칩 윌슨이 요가팬츠 하나로 작은 회사가 어떻게 글로벌 기업으로 성장하게 되었는지를 알게 해주는 책. 고객을 위한 집요한 집념과 그의 생각의 힘이 얼마 만큼 인지 알 수 있다. 칩 윌슨의 성공과 실수 이야기를 보며 우리는 어떤 브랜드로 성장해야 하는지 생각해 보자.

6.《이 책은 돈 버는 법에 관한 이야기》 고명환 저. 라곰

30여 년 전 개그맨이었던 고명환 님이 작가로 거듭 나아가는 과정에서 첫 번째로 집필한 책이다. 실제로 나는 이 책을 통해 다양한 질문을 던지며 내 플랫폼의 브랜딩 성장을 많이 일구어 나갔다.

7.《컨티뉴어스》 윤소정 저. 다산북스

15년 가까이 글로 자신의 성장을 공유했던 윤소정 사업가의 이야기를 하나의 책으로 모아둔 이야기다. 좋아하는 일로 돈을 벌려면, 자기 일에 한계에 부딪히거나 어려움이 닥쳐왔을 때 그녀가 헤쳐나간 이야기를 통해 나는 나만의 문제를 해쳐 나아갔다.

8.《럭키 드로우》 드로우앤드류 저. 다산북스

나만의 길을 걷고 있는 사람들에게 하나의 이정표와 같은 책이다. 이 책을 읽다 보면 나 자신이 럭키 드로우의 주인공 같기도 하다. 자기만의 일을 찾으려면 무수히 많은 레버를 당겨야 한다. 좋아하는 일로 아주 행복하게 성장하고 싶은 사람에게 추천한다.

9.《좋은 기분》 박정수(녹싸) 저. 북스톤

아이스크림 가게 하나에 생각과 태도가 담겨 있다. 나의 브랜딩 성장에 대한 생각과 태도와도 닮아있는 책이다. 고객에게 좋은 생각과 태도가 담긴 제품과 서비스를 제공하는 것은 중요하다.

10.《나는 브랜딩을 호텔에서 배웠다》 정재형 저. 21세기북스

공간을 좋아하는 사람, 공간을 통해 자신의 브랜딩을 함께 구현하고 싶은 분이라면 이 책이 많은 도움이 될 듯하다. 자신의 사비를 털어 150군데 호텔을 다니면서 돈 버는 마케팅이 무엇인지에 대한 인사이트가 담겨 있다.

11.《아티스트 웨이》 줄리아 카메론. 임지호 역. 경당

우리는 저마다 예술적 창조성을 가지고 태어났다. 모닝페이지를 적어 가며 과거의 부정적인 생각들로 어려움에 빠진 상황을 하나둘 지워내자. 나 자신이 본래 가지고 있는 고유의 잠재력과 창조성을 통해 자기만의 브랜드가 될 수 있는 무언가를 찾아보자.

12.《부의 해답》 존 아사라프, 머레이 스미스 저. 이경식 역. RHK

내가 퍼스널 브랜딩으로 돈을 벌기 위해 내 안의 잠재된 무의식을 반복적으로 프로그래밍할 때 사용한 책이다. 교사의 월급에서 10배에 버금가는 수익화를 실현할 때 가장 많은 도움을 주었다. 여전히 반복적으로 보고 있는 책 중 하나다. 죽기 전에 나는 존 아사라프를 꼭 만나고 싶다.

13.《타이탄의 도구들》 팀 페리스 저. 박선령, 정지현 역. 토네이도

블로그에 글을 쓰기 시작하고 종이책 집필이 다 끝나가던 순간에 이 책을 접하게 되었다. 책을 읽어가며 나는 이 책을 세상으로부터 선물 받았다고 생각했고, 내가 타이탄의 도구들의 주인공과 같다는 시그널을 받기도 했다. 그리하여 이번 첫 글 전시회에 저자를 헌정하기 위한 글 전시회를 준비중에 있다.

14.《린치핀》 세스고딘 저. 윤영삼 역. 필름

세스고딘은 말했다. 예술이란 상대방을 변화시키기 위한 선물이라고. 여러분의 퍼스널 브랜딩이 예술이 될 수 있다. 세상에 많은 사람들을 변화시킬수록 여러분의 예술과 같은 퍼스널 브랜딩은 대체 불가능한 작품이 될 것이라고 이 책은 말한다.

274

15. 《돈의 속성》 김승호 저. 스노우폭스

12년간 공무원 교사의 삶에서 벗어나 사업가와 돈에 대한 마인드를 심어준 책이다. 2020년부터 오늘날까지 계속 반복하여 읽고 있다. 이 책을 계기로 김승호 회장님의 모든 책을 하나씩 섭렵하게 되었다. 브랜딩을 하나의 사업화로 수익화 실현할 때 책 속의 회장님을 직접 뵙고 싶어 사장학교 문을 작년에 직접 두드리는 행동력까지 가질 수 있었다. 퍼스널 브랜딩에서 돈과 관련된 공부를 할 때 꼭 봐야 할 책이다.

16. 《거인의 노트》 김익한 저. 다산북스

기록을 어떻게 해야 하는지에 대한 방법을 알고 싶다면 이 책을 추천한다. 기록은 내가 어떤 한계에 부딪혔을 때 당장 실천할 수 있도록 도와주는 방법이다. 3년 가까이 글쓰기를 하며 기록에 대해 고뇌할 때 많은 도움을 준 책이다. 오늘도 여전히 한 꼭지를 펼쳐 읽는다. 온라인 상에서 나의 기록과 방향을 알려주기 때문이다.

참고 문헌

《오래된 비밀》. 이서윤 저. 홍성민 역. 이다미디어

《난문쾌답》. 오마에 겐이치 저. 홍성민 역. 흐름출판

《혁명의 팡파르》. 니시노 아키히로 저. 민경욱 역. 소미미디어

《노동의 종말》. 제레미 리프킨 저. 이영호 역. 민음사

《시대예보》. 송길영 저. 교보문고

《부의 해답》. 존 아사라프, 머레이 스미스 저. 이경식 역. RHK

《럭키 드로우》 드로우앤드류 저. 다산북스

《The Secret 시크릿》. 론다 번 저. 김우열 역. 살림Biz

《예술가는 절대로 굶어 죽지 않는다》 제프 고인스 저. 김문주 역. 위너스 북

《타이탄의 도구들》 팀 페리스 저. 박선령, 정지현 역. 토네이도

《마케팅이다》 세스 고딘 저. 김태훈 역. 샘앤파커스

《필립 코틀러 마켓 6.0》 필립 코틀러, 허마원 카타자야, 이완 세티아완 저. 방영호 역. 더퀘스트

《트렌드 코리아 2022》 김난도, 전미영, 최지혜, 이향은, 이준영 저 외 6명. 미래의 창

《우리를 세상의 끝으로》. 안도현. 문학동네

《더 나은 삶을 위하여》. 오그만디노 저. 문진출판사

《꿈과 돈》. 니시노 아키히로 저. 최지현 역. 다산북스

《후회 버리는 습관》. 한근태 저. EBS BOOKS

《직업으로서의 소설가》. 무라카미 하루키. 양윤옥 역. 현대문학

《더 파워》. 론다 번 저. 하윤숙 역. 살림출판사

《iCon 스티브 잡스》. 윌리엄 사이먼 저. 임재서 역. 민음사

《아주 작은 습관의 힘》. 제임스 클리어 저. 이한이 역. 비즈니스북스

《이 책은 돈 버는 법에 관한 이야기》 고명환 저, 라곰

《돈의 속성》. 김승호 저. 스노우폭스

《창조적 행위》. 릭 루빈 저. 정지현 역. 코쿤북스

《더 해빙》. 이서윤, 홍주연 저. 수오서재

《김밥 파는 CEO》. 김승호 저. 황금사자

《인간을 바꾸는 5가지 원칙》. 김종원 저. 토네이도

《무기가 되는 스토리》. 도널드 밀러 저. 이지연 역. 월북

《돈을 끌어당기는 사람들의 비밀》. 도리이 유이치 저. 이봉노 역. 북뱅크

Being (my) self : 나다움

초판 1쇄 발행 2025년 5월 15일

지은이 김지효 (방탄렌즈의 지혜)
펴낸이 김승헌
외주 디자인 육퇴 후 한 장
펴낸곳 도서출판 작은우주
주소 서울특별시 마포구 양화로 73, 6층 MS-8호
전화 031-318-5286 | **팩스** 0303-3445-0808 | **이메일** book-agit@naver.com
등록 2014년 7월 15일(제2019-000049호)
ISBN 979-11-991654-0-3(03320)

북아지트는 작은우주의 성인단행본 브랜드입니다.